さまよえるハプスブルク

捕虜たちが見た帝国の崩壊

さまよえるハプスブルク

捕虜たちが見た帝国の崩壊

大津留 厚

岩波書店

はじめに

「第一次世界大戦」再考

一九三九年九月一一日発行の『タイム』誌は、「先週の金曜日（九月一日）午前五時二〇分（ポーランド時間）、第二次世界大戦が始まった。ドイツの爆撃機がヘル半島の付け根にあるプク（ポーランドの漁村。空軍基地がある）に爆弾を投下した」と伝えた[1]。この時初めて「第二次世界大戦」という言葉が使われたと考えられている。そしてその一週間後の九月一八日発行の号で、はじめて「第一次世界大戦」が言葉として登場した。

この時「第一次世界大戦」の名を与えられることになった戦争が始まるきっかけは、ハプスブルク家を君主とする諸領邦が最終的に名乗った「オーストリア＝ハンガリー帝国」が、隣国セルビアに対して、帝位の継承者の暗殺の責を問うて宣戦を布告したことにあった。一九一四年夏に始まったこの戦争は、協商国側（セルビア、ロシア、イギリス、フランスなど）と中欧同盟（オーストリア、ドイツ、オスマン帝国など。中央同盟とも）を軸に、文字通り世界を巻き込む戦争となった。そして一九一九年、その戦争を終えるための講和会議が開かれた時、すでにこの国は講和会議に代表される存在であることを止めていた。したがってこの戦争はこの国にとっては「最後の戦争」に他ならなかった。

そしてこの戦争をリアルに描写した作家カール・クラウスは、この戦争を「人類最後の日々」と呼んだ。カール・クラウスにとって、この戦争には勝者も敗者もなかった。世俗的利益のために戦争を志向する「地の声」に対して「天の声」がこれに鉄槌を下し、地を焼き尽くした。しかしカール・クラウスは、『人類最後の日々』の最後に神を登場させ、その天の声は神の意志であったのか、と問うている。カール・クラウスは、人類が最後の日々を迎える前にどこかで踏みとどまることを期待していたのではないだろうか。

ハプスブルク帝国崩壊論再考

ハプスブルク帝国もまた戦争のどこかの局面で踏みとどまることができずに、戦争が終わった時にはすでにそのあとに成立した新生諸国家にとって代わられていた。そしてハプスブルク帝国の崩壊は、ロシア帝国やオスマン帝国の崩壊と並んで旧体制の終焉を象徴するものとして、必然のこととして捉えられた。同時代人としてこの地に生き、ハプスブルク帝国が崩壊した後のハンガリーのカーロイ政権で閣僚を務めたヤーシ・オスカルは次のよう書いている。

ハプスブルク帝国の崩壊とそのあとに新たな国民国家が成立したプロセスは、ヨーロッパのほかの多くの国で起こったものと同じプロセスだった。すなわち言語や文化を同じくする人々が国家に統合されるプロセスだった。つまり民族的に同一な国家に統合される過程とハプスブルク帝国という多民族のモザイクが解体する過程は一つのコインの表と裏のような関係だった。(2)

しかしこの地域のその後の歴史の苦難とその多くが加盟したEUの成立は、この地域の「保護者」の役割を担い、EUの先駆けとも見えるハプスブルク帝国の再評価につながることになる。オーストリア出身の作家ローベルト・ムージルは『特性のない男』でこのハプスブルク帝国を皮肉を込めて「カカーニエン」と呼んだ。

> ともかくこの滅亡したカカーニエンについては、なんと多くの奇妙なことがいえることか！　たとえば、「皇帝・国王の／k. k.《カーカー》 (kaiserlich-königlich)」と「皇帝にして国王の／k. u. k.《カーウントカー》 (kaiserlich und königlich)」とがそれである。k. k. あるいは k. u. k. という二つの記号のうちいずれか一つが、この国の人と物とのすべてに冠せられていたが、それにもかかわらず、いかなる組織といかなる人間を k. k. と呼び、またいかなる組織といかなる人を k. u. k. と呼ぶべきか、その区別をつねに明確にしておくためには一種の秘術が必要だった。カカーニエンは、文書ではオーストリア・ハンガリー君主国と書かれていたが、口頭ではオーストリアと呼ばれていた（一部訳は修正した）[3]。

ムージルが「カカーニエン」と名付けたハプスブルク帝国は、主として一八六七年以降の国制を表現していた。一八六七年にオーストリアとハンガリーは「アウスグライヒ」と呼ばれる国制の改革を行ったが、そこではオーストリア「皇帝」とハンガリー「国王」が対等である、ということがすべての前提になっていた。そして「皇帝」が統べる「オーストリア」と「国王」が統べるハンガリーが対等な関係を追求していくことがアウスグライヒの本質だった。したがって、その場合のオーストリアとハンガリーが共通して行う業務、つまり外交と軍事、そしてそれに関わる限りでの財政を担う組織と人は対等な「皇帝」と「国王」の下に置かれたために k. u. k. の記号が付され、オーストリアに限定された役職、組織にはその場合の「国王」は「皇帝」が兼ねかつその下位にある存在としてあったため k. k. の記号が冠せられた。このシステムは多元的なハプスブルク帝国を統治する方法として優れたものであったが、それだけに複雑で理解しがたい存在であり、ムージルは皮肉を込めて「カカーニエン」と名付けたのだろう。実際、『特性のない男』のドイツの文庫版の編集者自身、「ムージルの「カカーニエン」は、一九一四年から一八年「戦争への逃避」にいたる時期のハプスブルク期オーストリアを意味しているが、ムージルにとってそれは否定すべき世界モデルだった」とこの本を紹介している。(4)

ところが、近年のハプスブルク帝国の再評価は、この「カカーニエン」にも及ぶことになった。『「カカーニエン」の多言語的精神』を著した翻訳社会学者のM・ヴォルフは次のように述べている。「社会・政治における「翻訳」の役割を正当に評価するためには、ここで取り上げるように、ハプスブルク帝国を「翻訳」を通じた「仲介」領域の文脈の中で生じる問題として論じることが肝要であって、それによって翻訳学を実りあるものにしていかなければならない。そしてEUのような多文化的社会が直面する課題と向き合い、翻訳や通訳というものをますます広く役立つものにしていく必要がある。その意味でハプスブルク帝国は言語政策的に見ても、言語の役割分担に於ても、また複雑な多言語性が持つ機能という点から見ても、EUの実験場と見ることができるのである」(5)。また、ハプスブルク史研究の最新の研究動向を紹介した『ハプスブルク史の新思考』の中で「カカーニエン」を担当したインネルホーファーは「「カカーニエン」は、最も進んだ国家の形態だった。というのも、それは多民族的な構成をもって、ナショナリズムのイデオロギー的な言説やいかにもアイデンティティを提供するような事柄(起源伝説、記憶の場、舞台衣装)を免れているからである」(6)と述べているが、ここでも同じ文脈で「カカーニエン」が再評価されている。

ムージルの表現は陰影に富んでおり、それだけに解釈に幅がある。したがってムージルの言う「カカーニエン」が初めのネガティブな解釈からポジティブな解釈に変わっていく過程には、何よりハプスブルク史の解釈の転換が投影されていた。単純化して言えば、「国民国家」に克服されたはずのハプスブルク帝国が多文化EUの先駆けとなった、ということになる。そこで改めて問われるのは、そのハプスブルク帝国がなぜ崩壊したのか、ということである。

本書のねらい

本書の主役は、第一次世界大戦の対ロシア戦線で捕虜になった二〇〇万人を越えるハプスブルク帝国軍兵士である。ロシアの収容政策が一定の軌道に乗り始めると、彼らの待遇も落ち着きを見せるようになり、特に捕虜救援の最前線に位置したハプスブルク帝国在中国公館の救援活動が本格化する中で捕虜たちの生活は安定したものになっていった。

ところが一九一七年になるとロシアで革命が起こり、ロシアが大戦から離脱することで捕虜たちには帰国の可能性が出てくるが、その一方で収容体制は崩壊する。幸運なものは(地理的にハプスブルク支配地域に近いところで収容され、ロシア、ウクライナの諸勢力に拘束されなかったものは)、いち早く帰還した。ところが、夢見た祖国で厳しい現実に失望した彼らは、次々に反乱を起こしていった。一方、帰還が叶わなかった捕虜たちの多くは、さまざまな勢力がともかくも管理する収容所に留まり、その後数年にわたる苦難を耐え忍ばなければならなかった。ブレスト＝リトフスク講和の実現で彼らは帰還すべき存在となったが、実際の帰還のための経路であるシベリア鉄道は、彼らの一部により形成された「チェコスロヴァキア軍団」やロシアの反革命軍の支配下に置かれ、帰還は困難になった。そんな中で一部の者は収容所を脱し、中国東北部に向かうことになった。その時の中国はすでに敵国側となる協商諸国側で参戦しており、ハプスブルク帝国の在中国公館自体が退去を余儀なくされていた。難民となって中国東北地方をさまようハプスブルク兵を保護したのは、それぞれの民族と関係する協商諸国だった。またドイツ系、ハンガリー系の兵士たちはもう一度中国で捕虜として収容された。中国東北地方をさまようハプスブルク兵は、溶解する帝国の姿を先取りしていた。

それでも収容所に留まることを余儀なくされた「旧捕虜」たちは、ロシアの非正規戦争の中で、日本やアメリカ合衆国を含む様々な軍事勢力の管理下に置かれることになった。やがて彼らの祖国ハプスブルク帝国は敗戦とともに崩壊し、彼らを保護すべき国家も失われることになった。非正規な戦争が続く中で、その意味で非正規な勢力の管理下に置かれた旧ハプスブルク帝国旧捕虜という不条理な存在は、容易に解消されなかった。

長い歴史の中でその時々の危機を克服してきた帝国は、この戦争の中で姿を消すことになる。その原因についてはさまざまな考え方が示されてきたが、一〇〇年の時を経て、むしろ議論は混沌としているといえるだろう。その現在の時点に立って、本書は、ロシアでとらえられ、極東をさまよった捕虜たちに光をあてることで、溶解する多民族帝国の実相を彼らの目からとらえ直そうとするものである。

（1）*Time. The Weekly Newsmagazine* 34-11（11. Sept. 1939）, p. 18.

（2）Oscar Jászi, *The Dissolution of the Habsburg Monarchy*, Chicago/London: Univ. of Chicago Press, p. 7.

（3）ローベルト・ムージル『ムージル著作集　第一巻　特性のない男Ⅰ』加藤二郎訳、松籟社、一九九二年、三八頁。Robert Musil, *Der Mann ohne Eigenschaften*（以下 Musil, *Der Mann ohne Eigenschaften* と略）, Bd. 1, Reinbek bei Hamburg: Rohwohlt Taschenbuch Verlag, 1978, neu durchgesehene und verbesserte Ausgabe, S. 33.

（4）Adolf Frisé, 'Zu diesem Buch,' Musil, *Der Mann ohne Eigenschaften*, Bd. 1.

（5）Michaela Wolf, *Die vielsprachige Seele Kakaniens. Übersetzen und Dolmetschen in der Habsburgermonarchie 1848 bis 1918*, Wien/Köln/Weimar: Böhlau Verlag, 2012, SS. 17–18.

（6）Roland Innerhoffer, "Kakanien," Johannes Feichtinger und Heidemarie Uhl（Hg.）, *Habsburg Neudenken. Vielfalt und Ambivalenz in Zentraleuropa*, Wien/Köln/Weimar: Böhlau Verlag, 2016, S. 117.

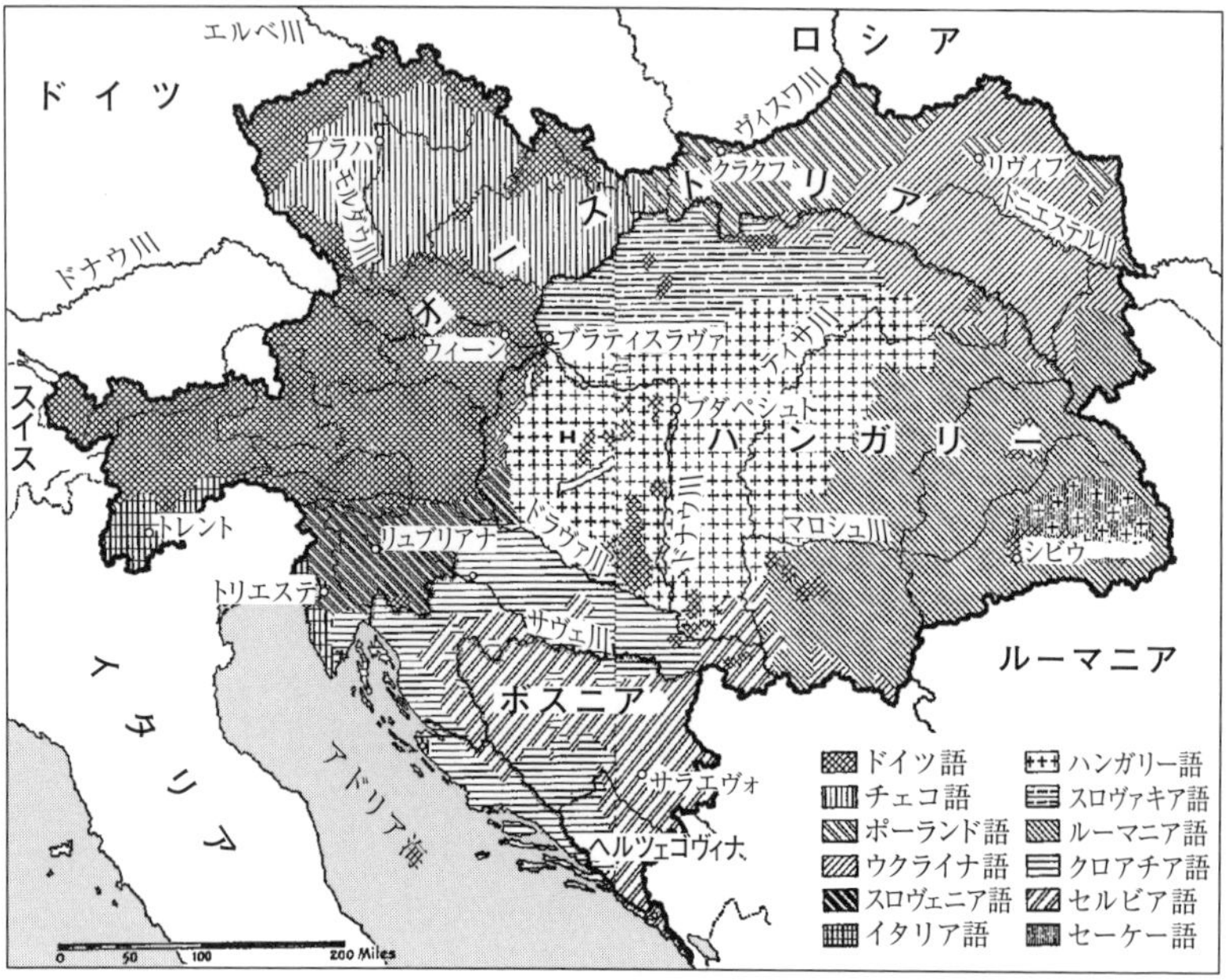

図P　ハプスブルク帝国の言語分布図
出典：Robert A. Kann, *A History of the Habsburg Empire 1526-1918*, Berkeley/Los Angeles/London: University of California Press, 1974, Appendix Map-3をもとに修正.

目　次

第１章　ユーラシア捕虜収容所群島

敗走するハプスブルク軍兵士
出典：*IR. 59*, S. 162.

一　戦場の兵士たち

一九一四年六月二八日、ハプスブルク帝国の帝位継承者フランツ・フェルディナントは訪問先のサラエヴォで夫人のゾフィーとともに暗殺された。暗殺の背後にセルビアの政府機関があると考えたハプスブルク帝国は一月後の七月二八日、セルビアに宣戦を布告した。これに対してセルビアを支援するロシアは七月三一日に総動員令は発し、ハプスブルク帝国とこれを支援するドイツも総動員令を発し、ロシアを支援するイギリス、フランスも加わって、この戦争は世界戦争の様相を呈するにいたった。この戦争は、その後に起きた世界戦争が「第二次世界大戦」と称されたときはじめて、「第一次世界大戦」と呼ばれることになる。しかし、「第二次世界大戦」を経験することがなかったハプスブルク帝国にとって「この戦争」こそが唯一無二の世界戦争だった。

ドナウ艦隊の戦い（対セルビア戦）

ハプスブルク帝国がこの戦争で戦うべき相手はまずセルビアであり、両軍は国境であるドナウ川をはさんで対峙した。ハプスブルク軍は、ドナウの南岸ゼムン港にサモシュ号など主力艦四隻と哨戒艇三隻を集結させた。ベオグラードより少し下流の対岸パンチョヴァには哨戒艇二隻が配置された。ベオグラードでドナウと合流するサヴェ川には旧式の砲艦二隻と哨戒艇一隻が配備された。サヴェ川に配備された艦船はセルビア側の要塞と砲火を交え、渡河する歩兵部隊の掩護に当たったが、歩兵部隊はセルビア側の抵抗にあって撤退を余儀なくされた。また夏季の渇水によりサヴェ川のドナウとの合流点付近は船舶の航行が不能となり、ドナウ艦隊サヴェ部隊は上流のボスニア・クロアチア境界まで避難する有様だった。

九月末になってサヴェ川の水位が上がり航行可能になると、ハプスブルク軍はドナウ艦隊の旗艦とも言えるテメシュ号をサヴェ川に回し、再び攻勢に出たが、一〇月二二日、テメシュ号は機雷に触れて大爆発を起こし、沈没した。ドナウ艦隊は新造船エンス号を得て、一二月から再びベオグラードへの攻勢を強化し、二日、ベオグラードは一旦ハプスブルク軍の手に落ちた。ベオグラードのバルカンホテルではハプスブルク軍の勝利の祝宴が開かれたが、それも束の間、セルビア軍の反攻の前にハプスブルク軍は撤退を余儀なくされ、一二月一四日には再びドナウの対岸に押し戻された。

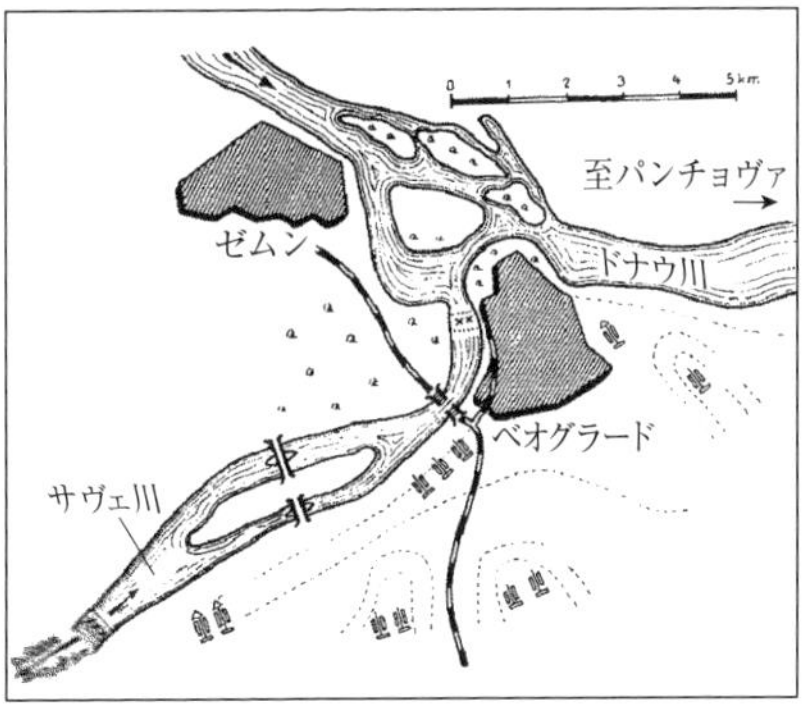

図 1-1　ベオグラード攻略
出典：Walther Schaumann/Peter Schubert, *Krieg auf der Donau. Die Geschichte der k. u. k. Donauflottille,* Klosterneuburg/Wien: Verlag Mayer & Comp, S. 43.

ガリツィア戦線（対ロシア戦）

セルビアとの戦争に決着が着かない中で、セルビアを支援するロシアとの戦争の舞台は、ハプスブルク帝国がポーランド分割で得たガリツィア地方だった。ここはオーストリア主要部から見ればカルパチア山脈を北に越えた位置にあり、ロシアとの間に自

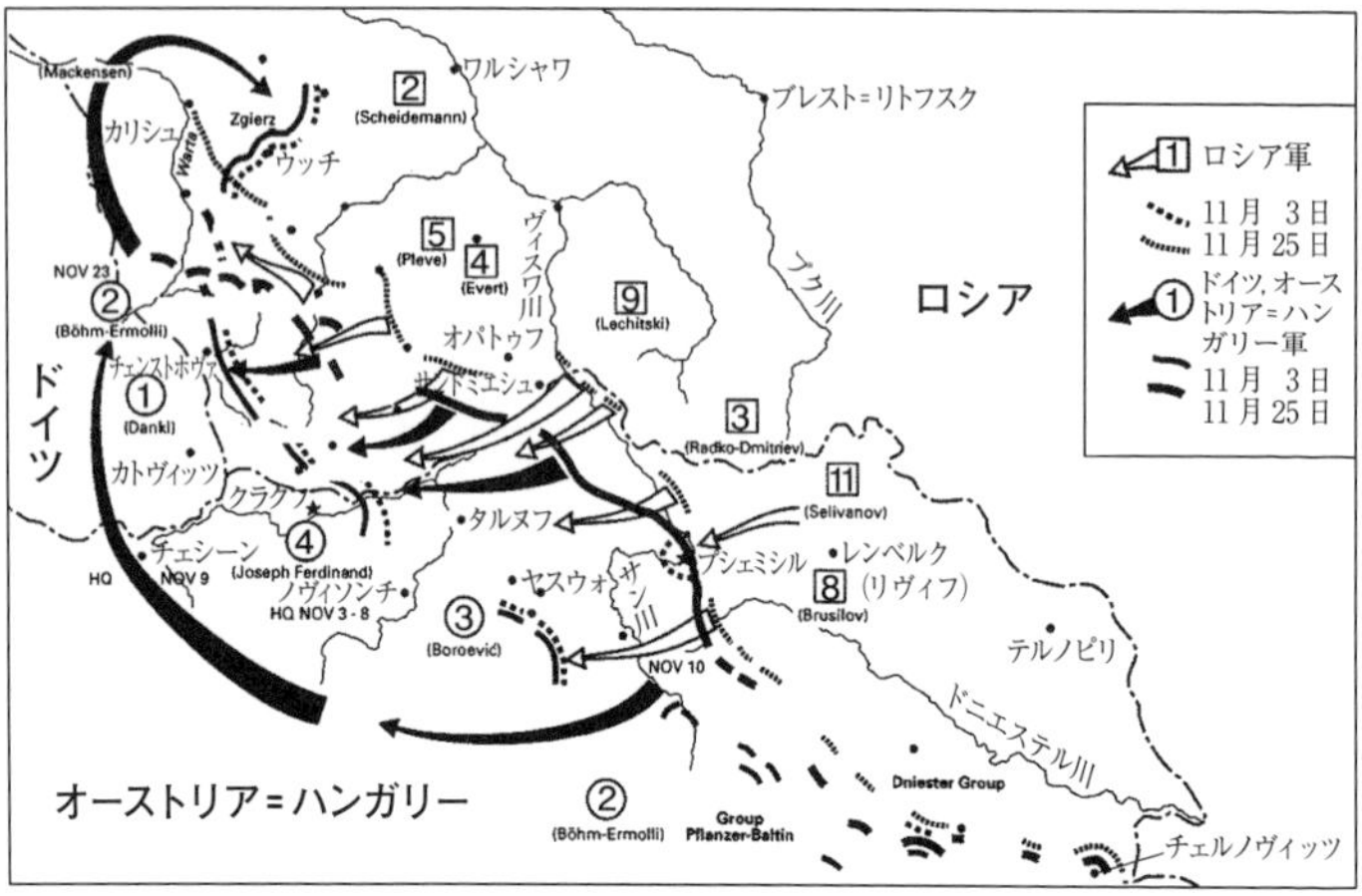

図 1-2　1914-15 年のガリツィア戦線
出典：本章注(8)『捕虜が働くとき』17 頁.

然の障壁はなかった。ハプスブルク軍はロシア軍が自国領に侵攻してくることは避けられないとし、国境から少し下がってサン川とドニエステル川を防衛線として四つの軍団を配置した。ただし州都レンベルクはドニエステル川の北側に位置していたため、前線部隊はレンベルクを防衛する形で、サン川、ドニエステル川を北側に進んでロシア軍を迎え撃つ形になった。配備された四軍団のうち東から迫ってくるロシア軍と対峙したのが第一、第三軍団、北からのロシア軍と対峙したのが第二、第四軍団だった。八月の末、第一、第四軍団は一旦ロシア領ポーランドに進攻し、ザモシチまで進んだ。

ロシアから見るとこの戦争はオスマン帝国が参戦するまでは、ドイツ軍とハプスブルク軍との二正面作戦だった。ロシアは一九一四年九月には総兵力五三四万人に達し、ヨーロッパ大陸最大の軍隊だった。ロシアはこの軍の主力を対ドイツ戦としての西北戦線と対ハプスブルク戦の西南戦線に振り分けた。一九一四年八月初旬、ロシア軍はドイツ領東プロイセンに進攻した。首都ケーニヒスベルク攻略の可能性が出てきて、ドイツは対フランス戦線の兵を一部割いて東プロイセンに差し向けた。一九一四年八月末のタンネンベルクの戦いでロシア軍は壊滅的な敗北を喫した。それに対してポーランドからベルリンを目指したロシア軍はウッチまで進攻して膠着状態に陥った(1)。

ロシア軍は西南戦線の対ハプスブルク戦では優位に立ち、一九一四年八月二一日にはガリツィアの州都レンベルクに迫った。ロシア軍は西南戦線での戦いを優位に進めるため、ベルリン攻略を諦めて、ポーランドにあった軍を西南戦線に差し向けた。その結果ロシアの主力部隊と対峙したハプスブルク軍は、九月二日、レンベルクをロシア軍に明け渡すことになった。この情勢を見て、ハプスブルク軍はサン川を防衛線とすることを余儀なくされた。サン川の要塞都市プシェミシルの北、ジチキの守備に就いた共通陸軍第四歩兵連隊(以下、第四連隊)の士官候補生オットー・マイヤーはジチキについて次のように書いている。

ジチキは高原にある村で、ウクライナ系のどこにでもあるような貧しい村だった。多くの住民はもう逃げだして村には残っていなかった。夜になるとかなり冷え込むので、見捨てられた家屋を寝所として設えた。私はそのころ大隊司令部に配属されていたので、麦わら倉庫に司令部の面々と宿営した。その静かな環境が気に入った。私は歩哨の分担で二番の札を引いたので、夜九時から一一時まで歩哨の任務に就いた。月明かりの夜だった。私は荒れ果てた果実畑を行ったり来たりした。合間に草むらに落ちていたリンゴを拾って食べたが、それで元気が回復した。水は汚染されている可能性があったので、飲むことは考えられなかった。村の中央広場の井戸には二匹の猫の死骸が浮いていた。それで誰も水を飲まないように監視所が設けられていた。

絶えず砲弾が頭上を飛び交う音が聞こえた。心もとない小火器や機関銃の音も聞こえた。村のはずれから犬の遠吠えが聞こえた。それは規則的に繰り返された。それがあまりに規則的だったのでモールス信号かと思ったが、それはあり得なかった(2)。

第四連隊の動き

ジチキに配置された第四連隊は、ウィーンを徴兵区とし、「ドイツ騎士団長」の名で呼ばれていた。ハプスブルク共通陸軍の歩兵連隊は四つの大隊から構成され、一つの大隊は四つの中隊と一つの機関銃隊から構成されていた。第四連隊所属の大隊のうち、第四大隊はボスニア・ヘルツェゴヴィナに駐屯していたので、大戦が始まると対セルビア戦に使われた。そのため、第四連隊で対ロシア戦線に向かったのは第一から第三の三大隊だった。この連隊の平時の兵員は一五〇〇人、予備役兵が戦時動員されると一万人規模になる。一九一四年八月四日には予備役兵もそろって、五日午前中にプラーターで出陣のミサが行われ、そのまま陸軍省まで行進してラデツキー将軍像の見守る中、最高司令官フリードリヒ大公が閲兵を行った。その後「ドイツ騎士団長行進曲」が流れ、大勢の群衆に見守られて、第四連隊はリング通りを行進し、午後五時プラーターの北駅発の列車で戦場に向かった。それからほぼひと月経ったこの時、彼らはジチキの戦場にあった。そしてこの時、第四連隊とともにジチキの守備に就いたのが第五九歩兵連隊だった。

第五九連隊の動き

ザルツブルクと上オーストリアを徴兵区とする共通陸軍第五九歩兵連隊（以下、第五九連隊）は、兵士のほぼ一〇〇パーセントがドイツ系だった。連隊司令部はスイス国境に近いブレーゲンツに置かれ、インスブルックやザルツブルクにも駐屯部隊があったので、七月三一日に総動員令が出されると、八月七日、前線に向かう兵士たちはザルツブルクに集合し、ミラベルホテルの庭園で壮行会が挙行された。第五九連隊の兵士たちは軍楽隊の演奏に見送られて列車で戦場に向かった。第五九連隊は州都レンベルクを防衛することを主たる任務とする第三軍団に属していた。第五九連隊も進攻するロシア軍に追われて、第四連隊と同じジチキに九月六日、陣を布いた。村の中心は海抜一〇〇〇メートルの高地の南麓に位置する。第五九連隊も四つの大隊から形成され、一つの大隊は四つの中隊と一つの機関銃隊から成っていた。中隊、機関銃隊には通しの番号が付されていた。四つの大隊のうち第四大隊が村の北辺に陣取り、右翼をその第一四中隊が固め、左翼を第一六中隊が固めた。ジチキの東をソカル鉄道が走り、その両側は小高い土手になっている。この土手を第三大隊の第九、第一一中隊が守り、第一二中隊は予備に回り、ソカル鉄道のさらに東に位置する二七一高地との連絡路の確保を任された（図1-3）。九月九日早朝三時、ロシア軍の先陣が第九、第一一中隊が守るソカル鉄道の土手に接近し、銃撃戦が始まった。ロシア軍の大軍を前に、苦しい戦いが続く中で、第九中隊長コトヴィッチ大尉が戦死した。第三機関銃隊のピフナー中尉は決然と土手の上に立った。そこは戦場を見渡せる反面ロシア軍の砲火にさらされる場所でもあり、ピフナー中尉に続いて機関銃兵が次々に倒れていった。この

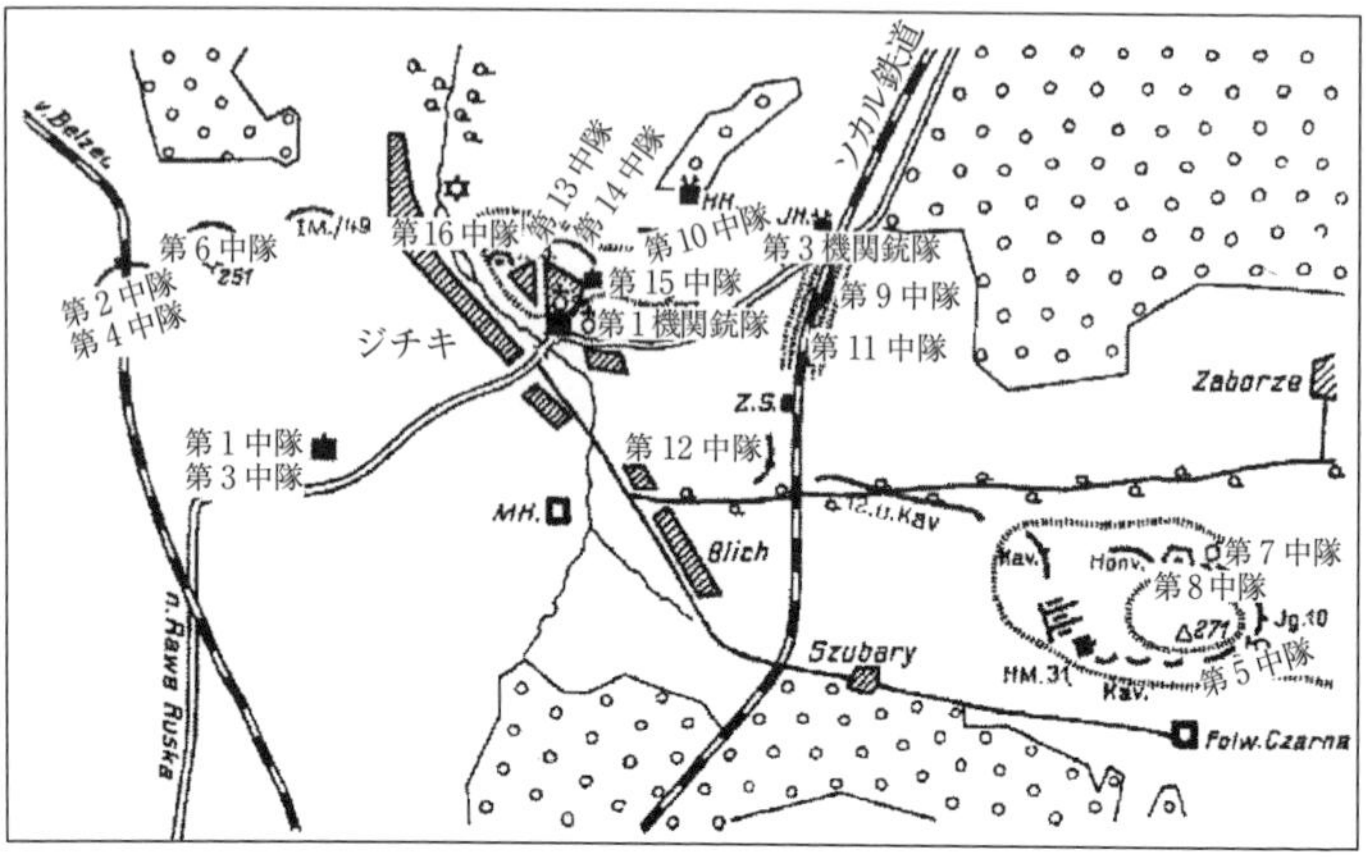

図 1-3　ジチキのオーストリア＝ハンガリー軍配置図
出典：本章注(8)『捕虜が働くとき』19 頁.

鉄道の土手を守る戦いに加わっていた第四連隊の士官候補生マイヤーは、この時の様子を次のように書いている。

> 私が鉄道の土手から五〇歩離れたところから見ていると、一人の小隊長が土手に駆け上がり叫んだ。「ドイツ騎士団長連隊の諸君、ここまで来い。ロシア軍はそこにいる。すぐそこにいる」。連隊の兵士たちは皆土手の上に急いだ。激しい銃撃戦が始まった。敵軍もまた土手に急いだ。白兵戦になって、お互いに銃剣で戦った。私も土手の上に急いだが、切断された鉄道のレールにつまずいて倒れこんだ。私をめがけて飛んできた銃弾が後ろを走っていた兵士ののどを貫通した。これも運命！　その負傷した兵士が私がひっくり返った時に落とした銃の上に倒れこんだので、私はその銃を引き抜くことができなかった。そこにあった貨車用の鎖付きの手斧が脱穀用のカラ竿の代わりをしてくれた。ロシ

ア兵が銃を高く掲げて打ち下ろしてきたとき、私は機先を制して、その即席の武器で銃をたたき壊した。ちょうどその時、別の士官候補生がピストルでそのロシア兵を撃った。この土手の戦闘はわが軍に優位に展開し、ロシア兵は脱兎のごとく逃げ出した(3)。

図 1-4 戦火に燃えるガリツィアの農村
出典：*IR. 59*, S. 43.

士官の回想から

九月一〇日、二時一五分にロシア軍の攻撃が始まった。第五九連隊も防御用の大砲と歩兵の連携でよく守り、ロシア軍も多くの犠牲者が出たため、五時に一旦攻撃を中止した。つかの間の休息だったが、移動食堂は来なかったという。将校用の移動食堂だけがジチキの教会まで来たので、司令官フィッシャー大佐のはからいで、三日間飲まず食わずだった第三中隊にコーヒーがふるまわれた。移動食堂がジチキにやってきて同じように糧食に恵まれなかったドイツ騎士団長連隊(第四連隊)にコーヒーがふるまわれるはずだったが、その時ロシアの攻撃が再開された。

グロース中尉の回想。「今日も日記を書き続けられることに感謝したい。私は自分の塹壕にいたが、近くに榴散弾が落ちた。足をもがれた兵士もいれば死んだ兵士もいた。

今日はロシア軍は二時と三時半に攻撃を仕掛けてきたが、撃退した。しかし終わりがない。いつまで続くのやら。私の部下たちはもう感覚を失い、起きていることもできない。戦争は恐ろしいことだ」(4)。

七時になってロシア軍の砲撃はさらに強まった。コプリック曹長の回想。「うめき声がいつも聞こえ、時とともに戦死者が増えていく。暑い、水が無い。死人と死んだ馬の異臭、それは地獄だった。私の隣にいた男の気が狂った」。昼になって砲声が止んだ。その間を利用して戦死者を埋葬した。午後四時からロシア軍の攻撃が再び始まり、連隊司令部は撤退を決意した。

二 敗走

敗走する兵士たちには、戦場とは違うもう一つの地獄が待っていた。第五九連隊の敗走が始まった九月一一日にはまだロシア軍も激しい戦闘の後で消耗していたため、追及も厳しくなかった。そのため撤退は順調に進んだ。第五九連隊のうち第三大隊、第四大隊半個大隊は、午前一〇時三〇分に撤退を開始し、午後一時四五分にはラータに入った。兵站部隊も現地に到着し、食糧が提供された。ここからさらにポティリチへ逃れていくためにはラータで川を渡らなければならなかったが、ラータ川を渡る橋はロシア軍の接近で恐怖におののいた避難民たちの馬車で埋まって動きが取れなかった。第五九連隊は避難民たちを橋から排除して、かろうじて川を渡った。

翌九月一二日は第五九連隊にとって最も悲惨な一日になった。朝五時に連隊は出発したが、輜重部隊と避難民が道をふさぎ、部隊は何度も止まらなければならなかった。スモーリンでこれまで分かれて行動していた第一大隊が連隊に合流した。そこで朝食をとった。フィッシャー大佐はこのときを利用して将校に招集をかけた（将校の現況は巻末の付表を参照）。連隊の将校一二三名のうちこの時集合できたのは半数の六二名のみだった。残りの将校は戦死したか（一〇人）、捕虜になったか（行方不明を含めて一五人）、戦傷やコレラ、赤痢などの病気で集合できなかった者たちだった。特に犠牲者が多かったのが第一中隊と第八中隊で、この二つの中隊は将校全員が戦死、負傷、戦病、行方不明のいずれかで、無傷の将校は一人もいない有様だった。兵士の損失も将校と同様で、残っているのはほぼ半数の二〇二八名だった（第一大隊三六〇名、第二大隊五〇〇名、第三大隊五六〇名、第四大隊五二〇名、司令部八八名）。

敗走するハプスブルク軍にロシア軍が接近していた。ロシア軍の砲弾が飛来して行進する隊列が乱れ、特に貨物を積んだ馬車をともなった輜重部隊の負担が大きかった。

武器、弾薬は充分あるが、衛生用品は全く不足している。そうこうしている間に敵弾が飛来した。近くまで接近していた敵兵の砲弾で隊列は混乱をきたした。特に輜重部隊の混乱が激しかった。歩兵はそれぞれ自力で何とか切り抜けた。午後、雨になる。雨季の始まりを告げる雨だった。雨は夕刻から本格化し、道がぬかるみ、砲兵隊、輜重部隊の進行が滞った。第三大隊、司令部は夜遅くクロニツェ、ドゥロホミスルに到着したが、第四大隊は疲労でコロニッツェの手前三キロメートルのところにある森で野営した。第二大隊はもっと手前の森に夜二時に到着し、第一大隊はさらにもっと手前で野営せざるを得なかった。皆ぬかるんだ土の上に身を投げるようにして寝こんだが、降りしきる雨で水溜りも同然だった。

九月一三日、第四大隊は三時に、第二大隊は四時半に出発した。第一大隊も追いつく。ニーダエーダ少佐が全体の指揮に当たった。皆気分は最悪だった。将校の兵士も湿気たところで短い時間の睡眠しか取れなかったので体力は回復せず、消耗がはなはだしい。これまでにも赤痢で弱った兵士は歩けなくなって置き去りにされてきた。部隊はのろのろと歩みを進めたが、四キロメートルも行かないうちに砲声に圧されて南西へと向きを変えた。(5)

戦争が始まって一か月の間に第五九連隊の将校も兵士もほぼ半数が戦闘能力を失っていた。それはロシアとの戦闘の激しさとその後の敗走の悲惨さを物語っている。

それでも第五九連隊は九月一二日の時点で連隊の現員をともかくも確認することができた。ジチキを同時に撤退した第四連隊も第五九連隊と同じく、苦しい敗走を続けていた。彼らにとって最悪の日は九月一五日だった。彼らの望みはサン川を越えて、一息つくことだった。しかしサン川に向かう主な道路はどこも立ち往生する馬車で一杯だった。それでもともかくも橋のあるトルキに着いた。しかし渡河用の仮橋「トルキ西橋」はなくなっていた。仕方なく四キロメートル離れたヴァラヴァに向かった。そこには戦時用の仮橋があるはずだった。日に日に疲労困憊して歩けなくなる兵士が増えていた。「四キロメートル」というそれほど長いわけではない距離が大きな負担になった。まだ歩ける将校が叱咤激励したにもかかわらず、部隊の動きが止まった。行進している行列の中にいた兵士が突然死んだように地面に倒れたのである。ほかの兵士も次々それに倣い、兵士が皆倒れこんで動かなくなった。それでも何とか歩けるものがやっとの思いで戦時仮橋にたどり着いた。その橋も「一二時に爆破される」と聞いて危うくパニックになりそうだったが、二列縦隊で渡り切って、一時の安息を得ることになった。

その時第四連隊も兵員数の確認をしているが、連隊司令部と前線部隊三大隊合わせて三四〇〇人の兵員のうち、半数が失われていた(6)。

そしてこのサン川の防衛線も突破された後、ハプスブルク軍は南への退路をカルパチア山脈に阻まれて、西へ西へと敗走し、ドイツ国境を越えてやっと踏みとどまるという有様だった。その敗走の間、ある者は戦闘で負傷し、ある者は赤痢やチフスの病に倒れ、幸運な者はロシア軍の捕虜になっていった。捕虜となった兵士の数は一九一四年だけで二五万人を超え、最終的には二〇〇万人を超えるほどだった。

三　収容所群島の兵士たち

世界大戦の緒戦でハプスブルク軍を破り、大量の捕虜を得たロシアの捕虜収容政策の基本は、ハーグの陸戦条約に基づくものであった。したがって、糧食、宿営、衣服に関して自国軍兵士と同等のものを提供することが求められた。その点に関してはロシアの政策は交戦諸国に共通するものだった。ロシアの捕虜政策に特徴的なことがあったとすれば、スラヴ系兵士の優遇策であり、裏を返せば、ドイツ系、ハンガリー系の捕虜は少し厳しい立場に立たされることになった。具体的にはスラヴ系捕虜は気候も比較的穏やかで生活条件もまだましなヨーロッパ・ロシアに収容され、ドイツ系、ハンガリー系捕虜は長い距離を劣悪な環境の下で移送され、気候も厳しいシベリアの収容所に収容された。捕虜を民族別に隔離し、待遇に優劣をつけるロシアの方針は、収容される捕虜の側でも認識されていた。ガリツィアで戦い、ロシア軍の捕虜になった一陸軍士官候補生は次のように書いている。「私たちはキエフまで移送されました。そこで私たちは民族別に分けられました。ロシアに対する政治的な立ち位置に応じて対応できるように、つまりどこに送るかを決めることができるようにするためです。私たちドイツ系のオーストリア人はドイツ軍兵士の捕虜やハンガリー人捕虜とともに東シベリアに送られることになります[7]」。

ロシアではヨーロッパ・ロシアから中央アジアを経て、ほぼシベリア鉄道沿いに沿海州に至るまで、さまざまな形態の収容所が設置され、そこには中欧同盟側の捕虜が収容された。一方、中欧同盟諸国にも協商諸国捕虜の収容所が設置され、他方では、イギリス、フランスといった協商国側にも当然ながら収容所が設置された。つまり、捕虜収容所は「世界戦争」の名にふさわしく、世界各地に設置されたのである。特にシベリアからフランスに至るユーラシア大陸には周密な収容所（民間人も含む）網が設置され、それはあたかも収容所群島のような様相を呈し、一千万人に近い人々のさまざまな人生が展開された[8]。

（1） Boris Khavkin, "Russland gegen Deutschland. Die Ostfront des Ersten Weltkrieges in den Jahren 1914 bis 1915," Gerhart P. Gross（Hg.）, *Die vergessene Front. Der Osten 1914/15*, Paderborn/München/Wien/Zürich: Ferdinand Schöningh, 2006, SS. 71-74.

（2） *Die Deutschmeister. Taten und Schicksale des Infanterieregiments Hoch- und Deutschmeister Nr. 4 insbesondere im Weltkrieg*（以下 *Deutschmeister* と略）, Wien, 1928, S. 113.

（3） *Deutschmeister*, S. 115.

（4） *Geschichte des salzburgisch-oberösterreichischen K. u. k. Infanterie-Regiments Erzherzog Rainer Nr. 59 für den Zeitraum des Weltkrieges 1914-1918*（以下 *IR. 59* と略）, Salzburg, 1931, S. 68.

（5） *IR. 59*, SS. 74-75.

（6） *Deutschmeister*, SS. 121-123.

（7） Hephäst, *In Russischer Kriegsgefangenschaft*, Wien, 1930, S. 18.

（8） 大津留厚『捕虜が働くとき――第一次世界大戦・総力戦の狭間で』（人文書院、二〇一三年）、大津留厚「収容所を生きる」山室信一、岡田暁生、小関隆、藤原辰史編『現代の起点　第一次世界大戦　2　総力戦』（岩波書店、二〇一四年）を参照。

第2章　日本の中のハプスブルク

ニストルが描いた景福寺
　ニストルはルーマニア系のカイゼリン・エリーザベト号乗組員．捕虜となって景福寺に収容され，いくつかの絵を残している．
出典：図2-1と同．

一　カイゼリン・エリーザベト号の世界大戦

世界大戦が始まった時、ハプスブルク帝国の東アジアにおける軍事的なプレゼンスは、北京公使館と天津租界にあるわずかな数の駐留兵を除けば、巡洋艦カイゼリン・エリーザベト号のみであった。カイゼリン・エリーザベト号は一九一三年秋から東アジア海域の常駐艦として任務に就いていた。帝位継承者フランツ・フェルディナントが暗殺された六月二八日には、カイゼリン・エリーザベト号は芝罘《しふう》（現・山東省煙台市）にあった。フランツ・フェルディナントが一八九〇年代の初めに世界周航をした時にお供をした縁もあって、カイゼリン・エリーザベト号はフランツ・フェルディナントの死を悼んで半旗を掲げた。対セルビア戦争の予想が強まるなか、七月二二日にカイゼリン・エリーザベト号は同盟国ドイツの租借地青島に入港した。七月二八日にハプスブルク帝国はセルビアに対して宣戦を布告し、世界大戦が始まった。日本は日英同盟を根拠に八月一五日にドイツに対して、「青島還付」と「支那海よりの独艦の引き揚げ」を求める最後通牒を示し、八月二三日に宣戦を布告した。

この時カイゼリン・エリーザベト号は微妙な立場にあった。ドイツはヨーロッパでハプスブルク帝国の同盟国として参戦し、そのドイツに対して日本は宣戦を布告したものの、ハプスブルク帝国と日本との間には直接の係争問題はなかった。日本とハプスブルク帝国の外交当局はお互いに交戦状態に入ることを望まず、青島のカイゼリン・エリーザベト号を武装解除することで合意した。

八月二四日早朝から青島にあったカイゼリン・エリーザベト号の武装解除が始まった。武器弾薬は船から降ろされ午後二時にはすべての作業が終了した。下船した乗組員たちは武器の携行を許されず、午後六時の汽車で天津に向かった。八月二六日朝一〇時に、青島にまだ停泊していたカイゼリン・エリーザベト号に乗員が無事天津に到着したという一報がはいった。

下士官キルヒナーの回想から

乗員が列車で天津駅に到着し、ハプスブルク帝国の租界に向かった時の様子をカイゼリン・エリーザベト号の下士官だったフリードリヒ・キルヒナーは次のように書いている。

中国の将校多数と歩兵一中隊がわれわれが進む道に配備されていた。天津在住のロシア人やフランス人が手を出してきたり、デモをする可能性があったからである。われわれは中国政府の保護下にあって、武器を持っていなかったから、身体警護の責任は中国政府にあった。もう終わりがないのではというほど歩いて、広い通りに出た。その先に美しい橋があった。そこから中国のオーストリアが始まる。義和団事件の賠償として譲られた場所で、九九年間租借することになっていた。ドイツ、フランス、イギリス、アメリカ、イタリアも租界を持っていたが、オーストリアの租界は一番豊かだった。この時のオーストリア租借地の人口は四万四〇〇〇人で、すべて中国人だった。彼らはオーストリアに税金を納めればよかった。その税収はちょうど軍艦一隻を海外で運用するくらいの額だった。だから中国に常駐艦を置くこともできたのだ。

市電も走っているその橋を渡って、広いりっぱな通りに出た。そこは明るく照明されていた。そこからすぐのところを狭い道に入って、正面に見える明るく照明された建物にオーストリアの旗と衛兵所があった。衛兵所から中に入ると広い中庭になっていた。用意された宿舎に向かったのが午前二時。狭い路地を抜けて着いたところが学校の敷地だった。急いで暖かい食事とお茶をいただいて、眠りに入った。

八月二六日、朝九時起床。すぐに前夜寄った官舎〔領事館〕に行った。そこで班分けが行われたが、その間に青島から電報が来て、すぐに青島へ戻れという指令があった。大きな歓声が上がった。もうすぐまたカイゼリン・エリーザベト号に戻れる、船と一緒に戦えるという高揚した気分でその日の午後を過ごした。しかし青島に戻ることはそれほど容易なことではなかった。中国政府は青島に戻すつもりはなかったし、三〇〇人のオーストリア人のために日本やイギリスの不興を買うことは避けたかった(1)。

そこで天津のカイゼリン・エリーザベト号の乗組員たちは、目立たないよう私服で三々五々青島に戻ることになった。キルヒナーが天津を出発したのは九月一三日になっていた。キルヒナーはその日早朝五時半に起床し、領事館に出向き、私服に着替え、人力車に乗って、イタリア租界を通ってイギリス租界に至り、そこにある鉄道駅から列車で済南《さいなん》に向かった。

二等車の車両には二〇人ほどの仲間がいた。九時四〇分天津発、午後八時済南着。ホテルで食事をした後、夜一〇時半済南発で青島に向かう。前日に済南に着いていた仲間も加わって、総勢六〇人になっていた。

しばらく列車は傾斜地をすごい速さで走っていたが、やがてのろのろと進むようになって路傍の石の一つ一つを数えられるほどのスピードになった。大雨による洪水で、線路はどこもかしこもあふれる水の中にあった。それほど高くない線路の土手の両側に広がるのは農地ではなく大きな湖のようだった。汽車の蒸気機関はもう機能していなかった。列車は自力でのろのろと進んでいるにすぎなかった。線路はたわみ、後ろを振り返るともう線路は見えず、ただ蛇のように長く続く黒い線が見えるだけだった。〔中略〕その走行もやがてできなくなった。われわれの乗った汽車は鉄橋のところまで来たが、鉄橋はすでにドイツ軍の手によって爆破されていた(2)。キルヒナーが汽車を降りたのが一四日朝九時、ドイツ軍の下士官の案内で川まで出ると七隻のジャンク船が待機していて、その船でようやく青島を再び目にしたのは午後四時になっていた。

青島陥落

東京のハプスブルク帝国大使館にもカイゼリン・エリーザベト号の海軍司令部への指令が伝えられ、駐日ハプスブルク帝国大使は八月三一日東京を発って、サンフランシスコ経由で帰国した(3)。これ以後アメリカ合衆国が一九一七年に参戦するまでハプスブルク帝国の利益代表の役割を果たすことになる。天津に移動した四〇〇名近いカイゼリン・エリーザベト号乗員のうち一〇〇名ほどは青島に戻れず、北京あるいは天津に留まった。カイゼリン・エリーザベト号は再武装したが、海上は日本軍に封鎖されていたため、むしろその艦砲はドイツ軍の使用に供され、陸揚げされて日本軍を迎え撃つ主要な堡塁に設置された。

日本軍の青島攻撃部隊は、久留米の第一八師団を中心に総数五万一七〇〇人、イギリス陸軍の参加兵力は一三九〇人であった。対するドイツ側は総兵力五〇〇〇人で本国からの援軍も期待できなかっ

図 2-1　ルーマニア系のカイゼリン・エリーザベト号乗組員ニストルが描いた，自沈するカイゼリン・エリーザベト号．
出典：https://classic.europeana.eu/portal/en/collections/world-war-I?view=grid&q=dumitru+nistor（2020 年 12 月 3 日最終閲覧）

た。日本軍は膠州湾を封鎖してドイツ海軍の動きを封じ、青島郊外に上陸して、モルトケ・イルチス・ビスマルク三山（砲台）に拠るドイツ軍を包囲した。一〇月三一日に総攻撃が開始され、この三山を守る形で配備された五つの堡塁に重砲弾を集中的に浴びせた(4)。一一月七日早朝に五つの堡塁が全て陥落し、ドイツ側は大きな抵抗もせず降伏した。この日の午後に青島開城規約が日本軍とドイツ軍の全権の間で調印された。ドイツとハプスブルク帝国側の戦死者数は二一〇名、捕虜は四七〇〇人近くに達した。カイゼリン・エリーザベト号はその五日前の一一月二日に、日本軍による鹵獲《ろかく》を防ぐため自沈処分とされていた。

二　姫路への収容

紆余曲折はあったものの、青島および南洋諸島で捕虜になったドイツ軍将兵のうち四三九二人、青島で捕虜になったハプスブルク軍将兵三〇五人の合わせて四六九七人が日本に移送され、収容されることになった。捕虜たちは東京（浅草本願寺）、静岡（日本赤十字社支部内元看護婦養成所、恤兵団の建物）、名古屋（大谷派本願寺別院）、大阪（府警察部衛生課管理隔離廠舎）、姫路（市内の三寺院）、徳島（県会議事堂および構内に新築したる仮廠舎）、丸亀（市内本願寺別院、看護婦養成所跡）、松山（市公会堂、六寺院）、大分（日本赤十字社支部、大分市第一小学校）、福岡（日本赤十字支部、物産陳列場、柳町旧遊郭跡）、久留米（大谷派本願寺教務所、料理店跡、一寺院、高良台陸軍演習廠舎）、熊本（県物産館、市集議所、八寺院、のち県会議事堂の一部に移転）に分散収容された(5)。

捕虜を管轄する俘虜（捕虜）情報局もこれら収容施設が臨時のものであることは自覚しており、戦争が長期化するのにともなって、「従来の建築物は殆ど全部之を廃止し、漸次陸軍用地に廠舎を新築し、もしくは在来の陸軍所管建築物をもってこれに充てたり。これ一には俘虜の収容期の予想に反して永かりしため、一時その建物を解放したる所有者においてその間、自らこれが使用を要するにいたりたると。また一には設備の点において、俘虜の警戒取り締まりのため完全を期し難く、かつ市民のため風教上好ましからざる影響を免れざるのみならず、秘密保持、新聞記者の取り締まりその他、俘虜自身の起居のためにも利あらず、不便著しく(6)」と収容所新設にいたる事情をのちに総括している。要するに建物の提供者にとって不利益が生じ始めたこと、収容捕虜に対する風紀上の取り締まりが難しかったこと、捕虜の生活にも不便が生じたこと、を配慮してのことだった。

その時期にばらつきはあったものの次の六か所に恒久的な収容施設が作られることになった。習志野（陸軍演習場に廠舎を新築）、名古屋（陸軍工兵作業場に廠舎を新築）、似島（陸軍第二消毒所付属廠舎）、青野原（陸軍演習場に廠舎を新築）、板東（陸軍演習場に廠舎を新築）、久留米（旧衛戍病院新病舎跡）の六か所だった。その結果「ここに各収容所の設備、比較的完全なる統一を期しえるに至れり(7)」ということになった。施設設備が統一された中で、青野原には近くにあった姫路に収容されていた捕虜と福岡に収容されていた捕虜が収容された結果、総勢五〇〇人の捕虜のうち二二〇人余りがハプスブルク帝国の将兵という点でユニークな存在だった。ここでもハプスブルク将兵は過半数に満たなかったが、日本全国で捕虜になっていたハプスブルク将兵の八割がここに収容されたことになる。それは先のこととして、まずハプスブルク軍の将兵のほぼ半数が収容された姫路の収容所を見てみよう。

姫路の収容所

ハプスブルク帝国将兵、ドイツ軍将兵それぞれほぼ一五〇名ずつ、計三〇〇名の捕虜が姫路に到着したのは一一月二〇日の正午過ぎだった。姫路に到着した捕虜は、停車場で検疫を受け、捕虜収容所本部が置かれた船場本徳寺に入ってから、三つの寺に分けられた。妙行寺には、将校八名と従卒五名が収容された。船場本徳寺には准士官以下のドイツ兵卒一六〇名が収容され、景福寺には、「カイゼリン・エリーザベト」の乗組員を主とするハプスブルク兵一五〇人が収容された。

捕虜の到着した二〇日午後五時には妙行寺収容所で、二一日には船場本徳寺および景福寺においても収容捕虜に野口所長から次のような訓示が与えられたことを『鷺城新聞』は報じている。「諸君は祖国の為め勇敢に戦いたり、而かも刀折れ弾尽きて俘虜〔捕虜〕となりたり、吾人は諸君に対し多大の同情を表す、吾人が諸君を遇するには一にわが陸海軍法規に従うも、又諸君を遇するに我が陸海軍人の待遇を以てす、軍人は軍人としての名誉を保たざるべからず、諸君はよろしく、独逸国軍人として、又墺国軍人としての名誉を保つべし、吾人収容所長を始め収容所付将校及衛兵は、陸軍大臣閣下に隷属して、当師団長閣下指揮の下に万事を処する者なり、故に諸君は吾人の命令に従わざるべからず」。要するに捕虜たちを自分たちと同じ軍人として扱うが、命令には従ってもらう、ということで、これは当時の日本の捕虜収容政策を忠実に反映させたものだった。そのうえで、この戦争において捕虜を収容するという事態が予想以上に早く生じたので準備が整っていないことを詫び、最後に「諸君は我国の風土気候に慣れざれば、各自衛生に注意し、身体を大切にせよ、而して平和克復の日を待て(8)」と結んだ。

図 2-2　ニストルが描いた景福寺の中の様子
出典：図 2-1 と同.

では、姫路に収容された捕虜たちは自分たちの境遇をどのように考えていたのだろうか。キルヒナーは次のように書いている。

> 青島で着ていた服は検疫に供された。医者の診察が行われ、左腕に予防注射が打たれた。その他あらゆる点で進展が見られた。われわれが一一月二〇日にこの聖なる寺に行進してきたときには、消耗しきって、飢えた戦士たちはひどい顔つきをしていた。伸び放題のひげにぼさぼさの髪、汚れは

てた軍服を着て、まさに塹壕から今出て来ました、という格好だった。

収容所になっている寺院に出入りしていた床屋は「美化委員」と呼ばれ、彼が来てからは徹底した変化が起こった。むさくるしいひげは床屋の職人芸のようなナイフ捌きの餌食になった。見苦しい髪型も存在を許されなかった。青島では自分の持ち場を離れることも許されなかったし、身だしなみを整えるような暇もなかった。床屋に加えて「慈善家」が現れて、カタログを見せながらいろいろなものを販売した。石鹼、ヘアーブラシ、歯磨き、靴クリーム、便箋、インク、万年筆、鉛筆などなどが安く買えた。そうしたものが手に入るといろいろなことができるようになった。継ぎを当てる、髪を梳く、靴を磨く、そして何より手紙を書くことができるようになった。私も八月以来初めてとなる手紙を家族に書いた。さらに果物、ソーセージ、お菓子、レモネード、ビールまで手に入るようになると気分はずいぶん良くなった。夜になると歌声が響き渡った[9]。

こうして捕虜たちの生活が落ち着いた一二月になると、捕虜達は監視の下ではあるが外出も許され、一二月二日には姫路城天守閣へ行っている。この時の様子を『鷺城新聞』は、「矢張り文明人」と感心して捕虜の行動を次のように記述している。「彼等は常に清潔を尊ぶ点に於いて燐寸の軸でも手当り次第に捨てない、必ず一定の所へ捨てるが、当日も蜜柑や林檎が沢山売れたが、皮を路傍へ捨てない、必ず塵箱の中に捨てる所は如何にも公徳心に飛んで居る。矢張り文明国民である[10]」。

三 「殆んど半殺しと為したり」——イタリア参戦と暴行事件

一定の落ち着きを取り戻した捕虜としての生活の中で、一九一五年の五月にイタリアが協商諸国側で参戦したことは、姫路に収容されていたハプスブルク帝国の捕虜たちの人間関係に大きな緊張を与えることになった。ハプスブルク軍捕虜の中のイタリア系捕虜に対するいじめ事件が発生したのである。一九一五年六月二五日付けの神戸又新《ゆうしん》日報は「独墺俘虜の大暴行、姫路景福寺収容所の活劇、伊国水兵八名半殺しにさる」と題して、次のような記事を載せている。

　姫路船場景福寺に収容せる敵国俘虜中事実伊太利人にして国籍を墺国に置ける三等下士二名、同水兵六名あり、過般母国が矛を執って連合軍側に左袒し独墺軍と交戦状態に入るや今迄の味方は一朝にして仇敵となり前記八名を虐待すること大方ならず、為めに彼らは哀れにも互いに相集いて心細き末の事など打語らいつつ淋しき日を送りいたるが二十二日午後六時半の事、例の如く収容所の一隅に集まり故国の唱歌の一節を口誦みて僅かに日頃の鬱を遣りいたる所、一方百四十余名の独墺俘虜は必定伊太利国歌を合唱し以て遥かに其祖国の勝利を祈れるものならんと邪推し大いに息巻き互いに示し合わすよと見る間に百四十余名の大集団鯨波を作って現場に駆付け八名を包囲して踏んず蹴りつつ袋叩きとし殆んど半殺しと為したり、この乱暴なる独墺俘虜に叩き延めされたる伊国人は辛くも重囲の一方に血路を開いて事務所に駆付け救助を求めたるが中一名のプリンスキーと云えるは身に数箇所の打撲傷を負いたる為めツイ逃げ遅れ止む無く付近便所に飛込みしに凶暴なる独墺人は又亦其便所を取囲みアワヤ殴り殺しもし兼ねまじき剣幕にプリンスキーは魂も身に添わず生命からがら便所の小窓より這い出し一旦柵外に逃れて再び他方面より収容所内に入り事務所に駆込みて事情を訴えたり、変を聞きたる収容所にては錯愕措く所を知らず兎も角も被害者に対し応急手当を施すと同時に暴行首謀者の何者たるを取調中なるが当局者は一再ならぬ失態を演じた事とて右事実を堅く秘密に付しつつあり(11)。

この記事に登場するプリンスキーと同一人物と考えられるハプスブルク海軍三等水兵ブルーノ・ピンスキーは、イタリア軍に参加できない自身に代わって戦場に役立てたいとして、「破壊用ギナミット弾」と「飛行機用爆弾」を設計した。この時収容されていた青野原収容所の野口所長はその設計図に添え書きを付けて陸軍省に送付した。「当所収容俘虜中の伊太利種族に属する墺国海軍三等水兵ブルノー、ピンスキーは伊国軍に参加の希望を有するも現下の境遇は到底之を許さざるに依り自己の代理者として戦場に立たしむる目的なりとて自己の考察に係る破壊用ヂナミット弾及飛行機用爆弾の断面図を呈出し、願わくは日本政府に於て審査の上有効と認められなば連合軍側の用に供する如く取扱われ度しと申出候、斯術上何分の参考と相成儀とも被存候に付本人調製の別紙断面図及送付候也(12)」。ハプスブルク軍のイタリア系捕虜という立場であるが故の制約の中で、自分にとって大切な国のために何かしたいという思いを収容所の所長が酌んだことがうかがわれる。

日本の俘虜情報局は捕虜収容に当たって、いくつかの収容所では「特種俘虜」の「隔離収容」が必要になったことをこの戦争の「特異現象」としてとらえ、その顕著な一例としてこのイタリア系捕虜への暴行事件を紹介している。「今参考の為に二、三その例を挙ぐれば、大正四年六月下旬姫路収容所に於て、墺国俘虜は「イストリア」および「ダルマチア」地方出身者十名(下士二名、兵卒八名)のイタリア系なる故をもって、これに悪意を懐き、ついに不穏の挙動におよびたり。これ元来地方的関係より不和にして、偶々同年五月イタリアが三国同盟を脱して独墺国に対し宣戦したる結果、頗るに反感募りたるものにして墺国俘虜八名には重営倉処分(主動者たる下士一名は二十日、ほかの者は各七日間)を為し、なお将来のため種々訓戒を加えたるが、その際本邦駐剳伊国大使より被害俘虜庇護に関し照会し来たれり」(13)。

キルヒナーはこの間、機関系下士官を一か所に集めるために本徳寺に移っていたから直接体験したわけではないが、次のようにこの事件を日記に書いている。

その間にもう一つの寺(景福寺)ではイタリア語を母語とする水兵たちの間で反逆的なたくらみがあるのでは、ということに思い至って、ドイツ系とクロアチア系の水兵が一二人のイタリア系水兵を襲うという事件が発生した。襲った側は、イタリア系水兵をひどく殴りつけた。特にイタリア系下士官の一人はその反逆的な態度の故にほかの下士官からさんざんに打ちのめされ、階級章がはがされた。結局日本の衛兵が割って入り、殴りつけたドイツ系、クロアチア系の捕虜たちのうち四人が拘束された(14)。

この時のイタリア系の水兵の出身地はダルマチア、イストリア、トリエステであり、のちにイタリアと南スラヴ国家との係争の地になる所である。そのイタリア系を襲ったのが「ドイツ系」と「クロアチア系」と捕虜自身が認識していたことが注目される。

戦争の長期化とともに一九一五年には名古屋、久留米、習志野、青野原の四か所に恒久的な施設が作られて、そこで捕虜たちは世界大戦が終わって帰還が完了するまでの五年間を過ごすことになった。青野原の収容所でもドイツ兵が二五一名で二二六名のハプスブルク兵を上回っていたが、日本で捕虜になったハプスブルク兵二八九名のうちの八割がここに収容されていたことを考えると、日本の捕虜収容所体系の中では青野原はハプスブルク兵捕虜の収容所として位置づけられていたといえるだろう。件のイタリア系捕虜もいったん青野原に収容されるが、その後捕虜間の紛争を回避するため、丸亀収容所に移されることになった。しかしイタリア系捕虜の解放問題はその後複雑な経緯をたどることになる。

四　「イタリア国に好意を有する捕虜」――国際関係の中の捕虜たち

イタリア系捕虜は一九一六年秋に丸亀に移るが、早速イタリア大使館は彼らとの接触を図ることになる。それに対する陸軍の対応はイタリア系捕虜解放問題の本質を示していると考えられるので紹介してみよう。これはイタリア大使館の参事官が丸亀を訪問して「イタリア国に好意を有する捕虜十三人」との面会を希望している、とする外務省幣原次官への陸軍省山田次官の回答である。

追て伊国大使よりの申出に依れば、右十三名の俘虜は伊国国籍を有する由に候えども当方に於ては何らの確証を有せず。別紙の如く「イスリア」「ダルマチア」「トリエスト」等の出身者にして「カイゼリン・エリザベス」号の乗組員たりしことを認知致しおり候次第につき、伊国政府の交渉に応じ、直に解放の詮議致し候訳にも相成らずと考え候。もし後日該俘虜がアルザスローレン人たる俘虜の例に準じ伊国国籍を取得したること確実なるに至りたる場合に於いて之を解放すべきや否やは連合国側の先例等もこれ有るべき。これに関し予め貴省のご意向承知致したく候。また訪問者がイタリア大使館員たることは絶対に秘したく、希望の儀は異存これなく丸亀俘虜収容所長へも然るべく通牒致し置く候条申添候(15)。

要するにイタリア政府はイタリア系のハプスブルク兵捕虜を自国民として、彼らへの面会を求めているが、彼らはイタリア国籍ではなく、もしアルザス・ロレーヌ出身者と同じように事後的に国籍が得られるのならば、その時にはアルザス・ロレーヌ出身者と同様に扱うことも可能だ、と陸軍は慎重な姿勢を示している。イタリア大使館員の面会も拒否はしないが、あくまでも内密に、と釘を刺している。ここで問題になっている「アルザス・ロレーヌ出身者」についてまず考えてみよう。

アルザス・ロレーヌ方式

青島で捕虜になったドイツ兵の中にはアルザス・ロレーヌ出身者も含まれていた。フランスは一九一四年八月五日にアルザス・ロレーヌ人のフランス軍隊加入に関する法律を公布し、アルザス・ロレーヌ人に関しては宣戦当時外国の軍隊で軍役についていた者でも、希望すればフランス国籍を「回復」してフランス軍に加わることができる、とした。フランス政府はこの法律に基づいて、日本で捕虜になっているドイツ兵のうちアルザス・ロレーヌ出身者に関して、フランス国籍希望者の引き渡しを求めてきた。それに対して日本政府は収容されているアルザス・ロレーヌ出身者に対して以下のように告知した。

仏国大使館は千九百十四(一九一四)年八月五日の仏国法律が千八百七十一(一八七一)年に併合せられたる「アルサス、ローレン」州民及びその子にして現戦役継続中仏国軍隊に服役することを任意的に誓約する者には仏国人たるの資格を公認する旨「アルサス、ローレン」州民に告知す。日本国皇帝陛下の政府は青島に於て俘虜となりたる「アルサス、ローレン」州民に於て、前掲仏国法律の規定を利用することを許可せられたるに依り、右希望者は俘虜収容所長を経由して仏国軍隊に服役すべき誓約を記入せる願書を仏国大使館に提出すべし(16)。

日本の俘虜情報局は一九一五年九月一一日にフランスの要請に基づき調査を実施し、該当する捕虜は兵士一二七人、将校二人の合わせて一二九人と判明した。そのうちフランス国籍取得を希望する者は、この戦争が続く間協商諸国に敵対行為を行わないという誓約書を提出して解放されることになったが、この時解放されたのは一一人だった。

イタリア系捕虜の解放に関してもこの「アルザス・ロレーヌ方式」が一つの基準になったが、ここで二つの問題が生じた。一つはイタリアにフランスにとっての「八月五日法」のような形での国籍回復の法律があるかどうかということであり、もう一つは、「イスリア〔イストリア〕」「ダルマチア」「トリエスト〔トリエステ〕」が「アルザス・ロレーヌ」と同等に考えられるか、ということであった。駐日イタリア大使は一九一七年三月の日本外相宛の書簡でこの問題に対するイタリア側の立場を明確にした。その中で大使は「歴史上または文化上伊国に属する領土内に生まれし伊国人種なるも政治上オーストリア＝ハンガリー帝国に属する者に対し、外国人の伊国国籍取得の制定せる法規を遵守せずして、伊太利国民となり得るの権利を担保する特別の法律及び勅令は伊太利王国成立以来存在致しおり、前記の領土内に生まれたる多数の者がその母国の人民となり得たるはその特別なる制度に依りたるものの有之候」とし、アルザス・ロレーヌとはまた少し異なる論理でイタリア系捕虜のイタリア国民たる所以を主張した。日本の外務省もこのイタリアの主張に理解を示し、陸軍省もこれに同調するに至った。陸軍大臣大島健一は外相本野一郎に一九一七年四月二五日付で以下の書簡を送った。

「伊国の開化と伝記とを有する土地に生まれ、伊国に対し愛着心を抱懐し居る俘虜には大体アルザスローレン人たる俘虜解放手続きに準じ、解放差支えなかるべしとのご意見に基づき、別紙解放手続き及び条件に依り解放詮議致したく、尤も伊国代理大使申出の俘虜十三名は既にそれぞれ最も愛国的精神の充溢せる語を以て認めたる伊国軍隊に服役の願書に記名する由に付、該願書に伊国代理大使「認容」の証言を自著し、わが官憲に提出したるものを以て解放手続き及び条件中の願書及び伊国大使の確認証言と認め然るべく候条承知相成りたく、および回答候なり」、とし、あとはほとんど手続きだけの問題という認識を示した。ただしそれに加えて、「追て伊国大使の申出にかかわる「歴史上または文化上伊国に属する領土に生まれし伊国人種なるも政治上オーストリア＝ハンガリーに属する者」とは何れの地方を指示するものなるや、また伊国人種として判定の基礎は何に由るべきや、当方における取り調べの必要上承知いたしたく何分の儀御回報相成りたく申し添え候」と書き、イタリア側の主張にまだ納得できていない様子が見て取れる。ともあれ丸亀から新設なった板東収容所に移されたあとで、一三人のイタリア系俘虜は六月一二日付で解放されることになった(17)。

五　音楽・スポーツ・ときどき菜園――青野原捕虜収容所の生活

イタリア系捕虜の一件はあったものの基本的に青野原捕虜収容所の方針は、大戦が終わるまで捕虜たちを平穏無事に預かることだった。収容所当局が恐れたことは捕虜たちが収容所の生活に不満を持って、脱走や反抗行為を行うことだった。そのため捕虜たちが単調な生活に飽きないようにし、身体面でも精神面でも健康状態を維持させるために娯楽が重視された。室内で行う娯楽としては、将棋(チェスか)、カルタ(トランプ)、ビリヤードなどが好まれ、図書や新聞の閲覧も一定の制限の下で許された。また音楽や演劇が奨励された。特に音楽に関しては楽隊を編成し、演奏のために小さな音楽堂を建設し、ピアノ、オルガン、バイオリンなどを備え付けた。お菓子や腸詰(ソーセージ)を作ることも認められており、その成果は工芸展覧会で示されることになる。

図 2-3 ゴムルカの墓は姫路市名古山の陸軍墓地の一画にあり，今日でも大切にされている(著者撮影 2013 年 5 月 31 日).

室外の娯楽で好まれたのはスポーツで、サッカー、テニス、ボクシング、体操などが盛んで、特にサッカーは近隣住民との試合も行われた。そのほか四阿《あずまや》を作って集会所としてレクリエーションをしたり、花壇や菜園を作ったり、豚、鶏、鳩、ウサギを飼ったりすることで捕虜たちはストレスを発散すると同時に食生活を豊かにしていた[18]。

青野原収容所の捕虜たちの生活は、基本的には収容所当局が望んだように平穏に推移していたと言えるだろうが、その中で病を得て死亡する捕虜も存在した。その情報もまた北京のハプスブルク帝国公使館に直接伝えられた。一九一六年に死亡したテオフィル・ゴムルカについて以下のような報告が送られた。

右大正三年十二月頃より姫路俘虜収容所に於いて糖尿病にかかり、大正四年二月七日姫路衛戍病院に入院加療。同年二月二十五日退院。爾後在所加療中病症増進せるを以って、大正四年五月二十九日再入院、大正五年五月二十七日退院し、爾来当所〔青野原収容所〕に於いて加療中のところ遂に糖尿病昏睡により本日午前三時五十分死亡候なり。大正五年六月十七日、青野原俘虜収容所付陸軍二等軍医　富沢保太郎(19)

六　それぞれの帰還

チェコスロヴァキア系

丸亀に移ったイタリア系の捕虜が解放されたのはまだ戦争が継続中で異例のことだったが、ヨーロッパ戦線で停戦が実現した一九一八年一一月、チェコスロヴァキア日本代表部のニェメッツ大尉は、日本陸軍に対し、習志野および青野原に収容されている旧ハプスブルク帝国軍のチェコスロヴァキア系捕虜と面会し、新生国家チェコスロヴァキア軍に参加する意思があるかどうか確かめたい旨の要望を示した。これに対して日本陸軍は、ニェメッツ大尉の要望に理解を示しつつも、その場合面接を受けたチェコスロヴァキア系捕虜が同じ旧ハプスブルク帝国軍のドイツ系捕虜および旧ドイツ帝国軍捕虜から圧力を受けることがありうるので、それを避けるため、各収容所長が面接を行い、その結果を外務省を通じてニェメッツ大尉に報告する方がいいのではないか、という立場をとった[20]。

その結果、青野原で収容されていた捕虜のうち二三人が一九一九年四月末にいち早く解放されることになった。しかし、いまなおシベリアに在ったチェコスロヴァキア軍団に従軍することが解放の条件だったため、彼らはまず青野原から敦賀に向かい、そこで捕虜の身分から解放され、在日チェコスロヴァキア代表部に引き渡されて、そのままウラジオストックに向かうことになった。四月二五日の兵庫県知事有吉忠一《ありよしちゅういち》の報告はその事情をよく伝えている。

管内青野原俘虜収容所に収容中なりし「チェック、スロヴァック」に属する俘虜二十三名は本日午前七時収容所発同八時四十六分播鉄社《やしろ》駅発上り列車に乗し、同十時十三分加古川駅発新潟駅行列車に乗換へ敦賀に向かいたるを以て大阪府へは電話せり。管内通過中面会者等なく異状なし。収容所より三宅中尉外下士卒五名警戒及引渡の為同乗せるが二十六日午前中敦賀に於て「チェック、スロヴァック」国民議会代表者に引渡後一行は同日午後出帆の鳳山丸にて浦汐に向かい同地に於て「チェック、スロヴァック」軍に合する趣なり[21]。

ではチェコスロヴァキアに本籍があって、チェコスロヴァキア軍団に加わってシベリアでの戦闘に参加することを拒んだ者にはどのような選択の余地があったのだろうか。彼らに関しては、一一月になって改めて意向調査が行われた。ただし習志野と似島に収容されていた者たちからは回答が寄せられていないので、青野原に限って言えば、「「チェック、スロヴァク」人たる義務を絶対に認めざる者」が八人、「「チェック、スロヴァク」国官憲に依りて面接本国に送還せらるれば同国人たる義務を承認せんとする者及本国帰国後にあらざれば其態度を決すること能わざる者」が一六人だった。無回答が一人だったので合わせて二五人。つまり捕虜から解放されてシベリアでチェコスロヴァキア軍団の一員として戦うことを選択したものが二三人、それに対してチェコスロヴァキアの存在そのものを認めない者が八人、帰国して家族とも相談して行く末を考えようとするものが一六人、巧まずして行われた世論調査でチェコスロヴァキアの支持率はほぼ五〇パーセントだったことになる。(22)

ユーゴスラヴィア(南スラヴ)系

青野原に収容されていたハプスブルク帝国兵士のうち、チェコスロヴァキア系の捕虜はチェコスロヴァキアへのそれぞれの思いに沿う形で順次解放された。それに対してユーゴスラヴィア系の捕虜たちは少し違う形を取ることになった。少し先回りをして一九一九年一二月六日の兵庫県知事の報告から見てみよう。「俘虜解放の件。管下加東郡青野ヶ原俘虜収容所俘虜「ユーゴスラヴ」人。指揮官トヤニイチ・ヨハンほか下士卒七十名。

右解放に関しては客月二十九日付　第四七三号を以て警保局長より通牒次第もありたる処なるが四日午前九時八分播鉄社発列車にて同収容所付阪口大尉引率の下に収容所を発し、同日午後四時神戸駅下車し米利堅《メリケン》波止場に於て「ユーゴスラヴ」代表者「クロヴァツアール(クロブチャル)」に引き渡しを了し、停泊中の仏国汽船「スインクス」号に乗船し、五日午前二時出航の同船にて上海経由「マルセイユ」に向け出発せり」。青野原に収容されていたユーゴスラヴィア系捕虜はクロブチャルの引率で全員そろって帰国の途に就いたことがわかるが、そこに至るまでには紆余曲折があった。

外務次官幣原喜重郎から陸軍次官山梨半造宛の書簡では、一九一九年四月に駐日「チェックスロヴァク」代表の「ネメック〔ニェメッツ〕」大尉から次のような申出があったことが述べられている。すなわち、習志野あるいは青野原に収容されている「ユーゴスラヴ」人捕虜のうち三〇人ほどがシベリアの「チェックスロヴァク」軍団に参加を希望しているので、「チェックスロヴァク」人捕虜と同じ形で解放してほしい、というものだった。幣原は外務省としては異存がないとしたうえで、陸軍省の意向を打診した。ところがその後駐日フランス大使から外務省宛に次のような覚書が出された。「塞《セ》爾比亜《ルビア》国政府は墺国軍艦「カイゼリン、エリザベス」号に於て俘虜と為り、目下日本に収容せられつつある百五拾名の「ユーゴスラヴ」族水兵の解放せられむことを希望しつつあるに依り、仏国大使は本国政府の訓令に基づき、右の点につき日本帝国政府の注意を喚起し、かつ出来得る限り速やかに右俘虜解放の措置講ぜられんことを要請す」とし、南スラヴ系捕虜の一括での、出来るだけ早い時期での解放を求めた。

陸軍は外務省からの要請でいったんは希望する南スラヴ系捕虜のチェコスロヴァキア軍団への参加を認める方向で、希望者の軍団参加の願書を習志野、青野原両収容所に送った。しかしフランス大使の意向を受けて方針を転換し、まずフランス大使館と「チェックスロヴァク」代表の「ニェメッツ〔この時点で表記が正されている〕」に対し、双方の意向を伝え、改めて双方の考えを質した。これに対してニェメッツ代表からフランス大使の意向に従う旨の回答があった。最終的に陸軍次官山梨は外務次官幣原に対し五月一六日に以下の回答を行った。「ユーゴスラヴィア系俘虜をチェックスロヴァク軍に引き渡すことを止め、之を塞爾比亜《セルビア》国利益代表者たる仏国大使に引き渡すことは、軍事上に於ては差支えこれなく候に付、外交上の関係に就いて、貴省に於て差支えなき御意向に候わば、貴省御申し越しの通り、最近進捗中のアルサスローレン人俘虜解放の例に準じ解放致すべく候」。外務省もこれを受けて、フランス大使に対し、その意向を尊重してユーゴスラヴィア系捕虜はチェコスロヴァキア軍団には参加せず、アルザス・ロレーヌ系捕虜解放の手続きに準じて解放を進めていくことを伝えた。その後習志野、青野原それぞれの収容所で南スラヴ系捕虜の名簿が作成され、帰還船の手配が行われて、最終的に例えば青野原の南スラヴ系捕虜は一一月に全員一致してクロブチャルの引率の下で帰国の途に就くことになった。(23)

ドイツ兵、ドイツ系オーストリア兵、ハンガリー兵

青野原収容所はその半数近くがハプスブルク帝国の兵士だったため、一九一九年になってすでにハプスブルク帝国は姿を消し、そのあとに新生諸国家が成立すると、それらに帰属することになる捕虜たちは順次解放されていった。最後に残ったのが、ドイツ兵、オーストリアのドイツ系、ハンガリー系の捕虜たちだった。そのうちオーストリアのドイツ系捕虜の解放、帰国に関しては一九一九年六月にパリ講和会議の一環として、アメリカ、イギリス、フランス、イタリア、日本の五国会議の議題に上った。その時に検討されたオーストリア全権の提案は、まず人道上の理由から帰国すべき捕虜をできるだけ早く編成し、講和条約に先立って帰国に関する事務手続きを始めること、またシベリアに在る者も含めて、捕虜に対する物質上のまた心理的な負担を軽減するための救援を行う委員をオーストリアが派遣することを許可するように、ということであった。これに対し五国会議に先立つ連合国俘虜委員会はこの要求が講和条約に対する既成事実を作ろうとするものであり、連合国にとってまだ敵

国人であるオーストリアの関係者が連合国あるいはシベリアに入ることは不都合が生じる可能性があり、また日本にあるオーストリアの捕虜には利益代表国や中立国赤十字による救援が実際に行われており、シベリアに関しては(ロシア革命後の混乱の中にあり)オーストリアが誰かを派遣したとしてもその使命を達することは難しく、また「「敵国」と「連合国」以外の官憲との連絡を許すことは不可能なり」として否定的見解を明らかにしていた。五国会議はこの連合国俘虜委員会の結論を追認することになり、オーストリア系捕虜の帰還は先延ばしされることになるが、連合国俘虜委員会の見解は一九一九年前半の微妙な情勢を反映していた。

この時のオーストリアではすでにハプスブルク家は国外に退去し、政権はドイツ・オーストリア共和国を名乗っていた。この時彼らが主張した国家の領域は旧ハプスブルク帝国のドイツ系住民の居住地域であり、チェコスロヴァキアに帰属することになる地域(ズデーテン地方)も含むものだった。したがってこの場合の「オーストリア捕虜」はチェコスロヴァキアの出身者を含む可能性があり、連合国としては到底受け入れられるものではなかった。また日本に収容されていた捕虜は、パリから見ればシベリアに残留している旧ハプスブルク帝国出身捕虜を含む東アジア全体の中で考えられていた。その時に捕虜救援のために派遣されるオーストリアの官憲が、一八年までの戦争における「敵国」と「連合国」とは異なる交戦団体すなわちボリシェヴィキ勢力ないし反ボリシェヴィキ勢力と接触することは、パリ講和会議の枠組みそのものの否定につながる可能性をはらんでいた。したがって、「露軍の手に有るものに就いては墺国政府は正式の承認を受けたる露国政府成立し、条約規定の委員及び小委員にその代表者を出すまで待つのほかなかるべし[24]」と日本全権代表の松井慶四郎駐フランス大使は内田外務大臣に報告した。

サンジェルマン条約以降

この時は実現しなかったオーストリアのドイツ系捕虜の帰還への取り組みはサンジェルマン条約が締結された一九一九年九月以降本格化することになった。ドイツの利益代表スイスの駐日代理公使と日本の俘虜委員との間でドイツ捕虜の送還に関する合意が成立したことを受けて、一二月一二日にオーストリアの利益代表スペイン大使と日本の俘虜委員の間でオーストリア、ハンガリー捕虜の送還に関する合意が成立した。両者の取り決めでは、まずサンジェルマン条約は締結されたが、まだ発効していないこの時点で捕虜を送還することを以下のように理由づけた。「戦争に依り生じたる苦痛を速やかに減退するため、同盟及び連合国はそのオーストリア国およびハンガリー国との平和条約の実施を俟たず直《すぐ》にその権内にあるオーストリア及びハンガリー俘虜の送還を開始することに決したるを以って、日本国政府もまた日本国政府の権内にあるオーストリア及びハンガリー俘虜を以上両国政府の代表者に交付することに決し、……」(25)。

その上で、この地域の微妙な状況を反映して以下のように「オーストリア俘虜」と「ハンガリー俘虜」を規定した。「本取極めに於て、俘虜と称するは対ドイツ及び対オーストリア平和条約に規定せらるる新国境に依るオーストリア国およびハンガリー国に属する者にして日本国政府の権内に在る者に限り、シベリアにおける日本国軍隊に収容する者はこれを含まず」。つまり「オーストリア俘虜」、「ハンガリー俘虜」とは、あくまで平和条約で定められた国境で規定されたそれぞれの国家に帰属する者であるとし、しかしその意味での「オーストリア俘虜」、「ハンガリー俘虜」であってもシベリアの日本軍管轄の捕虜は含まない、という限定を明確にすることでこの取り決めは成立していた。その上で、「俘虜中以上両国との平和条約の結果オーストリア国又はハンガリー国以外の国籍を取得すべき者にして送還に関しこれらの国籍の俘虜に対し一般に付与せらるる特殊待遇の利益を享くることを欲せざる者はオーストリアまたはハンガリー俘虜として扱われるべし」として、実際の国籍と希望する国籍との微妙なズレがあることを認めている。この取り決めに基づいて、捕虜たちはそれぞれ収容されている収容所でオーストリア、ハンガリーの全権委員に引き渡され、帰国が許されることになった。(26)

青野原収容所の生活を詳細に描いた手記を残したケルステンは捕虜たちの間にあった望郷の念を次のように書いている。

一九一九年一一月初めに帰国することが告げられた。〔中略〕今度は我々は一二月一〇日に出発するという噂が流れた。その日が来ても汽船は来なかった。翌朝、事務所への道でよく目立つように、仲間が望遠鏡を正確にまねて、ガソリンタンクから作った一・五メートルの管を竹の三脚の上に置き、竹の上には使用済みの箱から作った一・五センチ大の紙のラベルがあり、以下のような文字が書かれていた。「我々は、おお故郷よ、愛する故郷を望んだが無駄だった」。その望遠鏡を覗くと、汽船がもうもうたる煙をあげて走り去るのが見えた。五年以上にわたる捕虜生活を経たユーモア！(27)

ついに、帰国の途へ

アメリカ合衆国に代わってハプスブルク帝国の利益代表だったスペイン大使は一二月一二日に日本の外務大臣宛に書簡を送り、オーストリア、ハンガリー捕虜の全員が一致して早期に帰国できるよう要望した。

書簡を以てお願い申し上げます。習志野、青野原及び似島のオーストリア、ハンガリー捕虜は同じ船にて送還せらるる様御斡旋相成りたく候。スイス国大使より伝聞致し候ところによれば、ドイツ国俘虜は、オーストリア、ハンガリー俘虜とは別船にて送還せられ、その第一回送還は本月二十六日なる由にこれあり候。もしでき得れば、オーストリア、ハンガリー俘虜も同船にて送還を希望いたし候。本使もまたオーストリア、ハンガリー俘虜送還委員として出発港に出張致すべくに付、右俘虜は乗り組みしむべき船舶出帆の時日及び出帆港をなるべく速やかにご通知相成りたく候(28)。

これを受ける形で陸軍次官山梨半造は外務次官埴原正直に、帰還船喜福丸《きふくまる》に関して、オーストリア、ハンガリー将校四人、准士官三人、下士卒一二七人を一二月二七日に神戸ふ頭でオーストリア、ハンガリー側委員に引き渡すことを約束した(29)。こうして、この戦争で捕虜となり最後まで残っていたドイツおよびドイツ系オーストリア、ハンガリーの将兵は、一二月の末に豊福丸《ほうふくまる》、喜福丸の二つの船で帰国の途に就くことになった。

この時の「将校四人」の中には、カイゼリン・エリーザベト号の艦長だったマコヴィッチも入っていた。マコヴィッチはこの時の帰国の様子を次のように報告している。

喜福丸は神戸を一二月二八日に出港し、門司を経由して青島に寄港した。そこで故郷に帰るドイツ人家族の荷物を積み込んだ。青島に残っていたドイツ人たちは、女性と子供がほとんどだったが、すでに帰国の準備を整えて歓迎してくれた。この間を利用して、カイゼリン・エリーザベト号の乗組員で青島で戦死した人たちの墓にお参りをして、お墓のお守をしてくれるように五〇円を残してきた。〔中略〕一九二〇年二月二八日、喜福丸はドイツのヴィルヘルムスハーフェンに入港した。海軍の兵士も当地の住民も帰還を祝って歓迎してくれた。その歓迎ぶりは心に染みた。上陸地点には国旗が掲げられ、軍楽隊が演奏し、たくさんの人が集まってくれた。海軍司令官が演説し、カイゼリン・エリーザベト号の栄誉を称え、私が答礼の挨拶を行った。将校たちは民間人の住まいで宿泊する手配が行われていた。下船と故国への旅の支度が順調に進められた。ヴィルヘルムスハーフェン市の計らいで、二九日の夜には全ての帰還兵が招かれて晩餐会が行われた。翌朝、軍が仕立てた列車でヴィルヘルムスハーフェンを後にした。〔中略〕三月三日、カイゼリン・エリーザベト号の帰還兵の最後の一団が待ちに待った瞬間がやってきた。ついに故郷の土を踏む時が来た。帰還兵たちは浮き浮きして自分たちの荷物を花で飾り、日本で作っていた国旗をあしらっていた。ところが列車が到着したオーストリアの駅で待っていたのは、何も知らされていない、無関心な人々の視線だった。オーストリアの新政権も帰還した同胞に対して言葉を掛けることもなかった。われわれは特別の任務に就いて、五年間遠い故郷に思いを馳せていたにもかかわらず。この五年間の最後に、もっともつらい瞬間が待っていた。(30)

これまで詳しく見てきたように、ドイツとハプスブルク帝国に帰属していた一つ一つの民族集団がそれぞれの事情で日本を去っていった。そして一二月末、最後まで残されたオーストリア、ハンガリーに帰属する人たちが日本を後にした。彼らの運命には、新しい中欧の地図、そして国家のありようが色濃く投影されていた。

（1） Peter Pantzer/Nana Miyata（Hg.）, *Friedrich Kirchner. Mit der S. M. S. Kaiserin Elisabeth in Ostasien. Das Tagebuch eines Unteroffiziers der k. u. k. Kriegsmarine*（*1913–1920*）（以下 *Friedrich Kirchner* と略）, Wien/Köln/Weimar: Böhler Verlag, 2019, SS. 162–163.

（2） *Friedrich Kirchner*, SS. 166–171.

（3） Haus-, Hof- und Staatsarchiv（HHStA）, SMS "Kaiserin Elisabeth", von dem österreichisch-ungarischen Botschaft in Peking an das Ministerium des k. und k. Hauses und des Aeußern, 21. 9. 1914.

（4） 斎藤聖二『日独青島戦争　秘大正三年日独戦史　別巻2』（ゆまに書房、二〇〇一年）、一三一―一五五頁。

（5） 防衛省防衛研究所「大正三年乃至九年戦役俘虜取扱顛末」大正九年欧受八六六号。JACAR（アジア歴史資料センター）Ref. C08040169000, pp. 78–79.

（6） 防衛省防衛研究所「大正三年乃至九年戦役俘虜取扱顛末」大正九年欧受八六六号。JACAR（アジア歴史資料センター）Ref. C08040169000, pp. 80–81. ＊なお引用箇所はすべて現代かなづかいに改めた（以下同）。

（7） 防衛省防衛研究所「大正三年乃至九年戦役俘虜取扱顛末」大正九年欧受八六六号。JACAR（アジア歴史資料センター）Ref. C08040169000, p. 82.

（8）『鷺城新聞』一九一四年一一月二二日。姫路における捕虜の生活については、藤原龍雄「第一次世界大戦と姫路俘虜収容所」『姫路市文化財保護協会　文化財だより』第五〇号（二〇〇三年）、大津留厚、藤原龍雄、福島幸宏『青野原俘虜収容所の世界——第一次世界大戦とオーストリア捕虜兵』（山川出版社、二〇〇七年）を参照した。

（9）*Friedrich Kirchner*, SS. 310-311.

（10）『鷺城新聞』一九一四年一二月二日。

（11）『神戸又新日報』一九一五年六月二五日。

（12）防衛省防衛研究所「俘虜ノ考案ニ係ルヂナミット弾計画図送付ノ件」「欧受大日記」大正五年（一九一六年）三月三一日。JACAR（アジア歴史資料センター）Ref. C03024643800.

（13）防衛省防衛研究所「大正三年乃至九年戦役俘虜取扱顛末」大正九年欧受八六六号。JACAR（アジア歴史資料センター）Ref. C08040169000.

（14）*Friedrich Kirchner*, SS. 331-332.

（15）外務省外交史料館「在本邦伊太利大使館参事官丸亀収容所訪問ノ件回答」JACAR（アジア歴史資料センター）Ref. B07090925300.

（16）防衛省防衛研究所「大正三年乃至九年戦役　俘虜ニ関スル書類」JACAR（アジア歴史資料センター）Ref. C08040171300.

（17）外務省外交史料館「伊太利人俘虜解放ニ関スル件」「日独戦争ノ際俘虜情報局設置並独国俘虜関係雑纂」第十六巻。JACAR（アジア歴史資料センター）Ref. B07090925300.

（18）大津留厚編・監訳、福島幸宏編『AONOGAHARA 捕虜兵の世界』（『小野市史　第三巻　本編Ⅲ』別冊）、兵庫県小野市、二〇〇四年。

（19）HHStA, Gesandtschaft Peking, Nr. 726（24. Sept. 1916）.

(20) 外務省外交史料館「ネメック大尉ヨリ在本邦チェックスロヴァック種俘虜ニ関シ依頼ノ件回答(大正八年二月四日)」「「チェッコ・スロヴァキア」人俘虜解放ニ関スル件」「日独戦争ノ際俘虜情報局設置並独国俘虜関係雑纂」第十五巻。JACAR(アジア歴史資料センター) Ref. B07090923900.

(21) 外務省外交史料館「解放俘虜出発ノ件(大正八年四月二五日)」「「チェッコ・スロヴァキア」人俘虜解放ニ関スル件」「日独戦争ノ際俘虜情報局設置並独国俘虜関係雑纂」第十五巻。JACAR(アジア歴史資料センター) Ref. B07090924000.

(22) 外務省外交史料館「チェックスロヴァク人俘虜ニ関スル件回答(大正八年八月一五日)」「「チェッコ・スロヴァキア」人俘虜解放ニ関スル件」「日独戦争ノ際俘虜情報局設置並独国俘虜関係雑纂」第十五巻。JACAR(アジア歴史資料センター) Ref. B07090924000.

(23) ユーゴスラヴィア(南スラヴ)系捕虜の解放に関しては、外務省外交史料館「在本邦俘虜解放ニ関スル件(大正八年一二月六日)」「日独戦争ノ際俘虜情報局設置並独国俘虜関係雑纂」第十五巻。JACAR(アジア歴史資料センター) Ref. B07090924400、外務省外交史料館「在本邦「ユーゴスラヴ」人俘虜解放方ネメック大尉ヨリ申シ出ノ件(大正八年四月九日)」「日独戦争ノ際俘虜情報局設置並独国俘虜関係雑纂」第十五巻。JACAR(アジア歴史資料センター) Ref. B07090924300、外務省外交史料館「仏国大使外務省宛覚書(大正八年四月一九日)」「日独戦争ノ際俘虜情報局設置並独国俘虜関係雑纂」第十五巻。JACAR(アジア歴史資料センター) Ref. B07090924300、外務省外交史料館「在本邦「ユーゴスラヴ」系俘虜解放ニ関スル件(大正八年五月五日)」「日独戦争ノ際俘虜情報局設置並独国俘虜関係雑纂」第十五巻。JACAR(アジア歴史資料センター) Ref. B07090924300、外務省外交史料館「在本邦「ユーゴスラヴ」系俘虜解放ニ関スル件回答方ネメック大尉ヨリ申シ出ノ件(大正八年五月一六日)」「日独戦争ノ際俘虜情報局設置並独国俘虜関係雑纂」第十五巻。JACAR(アジア歴史資料センター) Ref. B07090924300、を参照。

(24) 外務省外交史料館「対墺平和条約」第四巻。JACAR(アジア歴史資料センター) Ref. B06150507900.

(25) ÖStA, KA, Kgf. 16/12 1919, Übereinkommen bezüglich des Austausches der österreichischen und ungarischen Kriegsgefangenen in Japan.

(26) ÖStA, KA, Kgf. 16/12 1919, Übereinkommen bezüglich des Austausches der österreichischen und ungarischen Kriegsgefangenen in Japan.

(27) 『小野市史 第三巻 本編Ⅲ』別冊、大津留厚編・監訳、福島幸宏編『AONOGAHARA 捕虜兵の世界』(小野市、二〇〇四年)、五五―五六頁。

(28) 外務省外交史料館「墺洪国俘虜送還準備ニ関スル件」「日独戦争ノ際俘虜情報局設置並独国俘虜関係雑纂」第二十一巻。JACAR(アジア歴史資料センター)Ref. B07090933500.

(29) 外務省外交史料館「墺洪国俘虜送還準備ニ関スル件」「日独戦争ノ際俘虜情報局設置並独国俘虜関係雑纂」第二十一巻。JACAR(アジア歴史資料センター)Ref. B07090933500.

(30) ÖStA, KA, Kgf. R. Makoviz, Bericht über die Kriegsgefangenschaft und die Heimreise der Bemannung S. M. S. "Kaiserin Elisabeth", SS. 10–11.

第3章　中立中国のハプスブルク公館

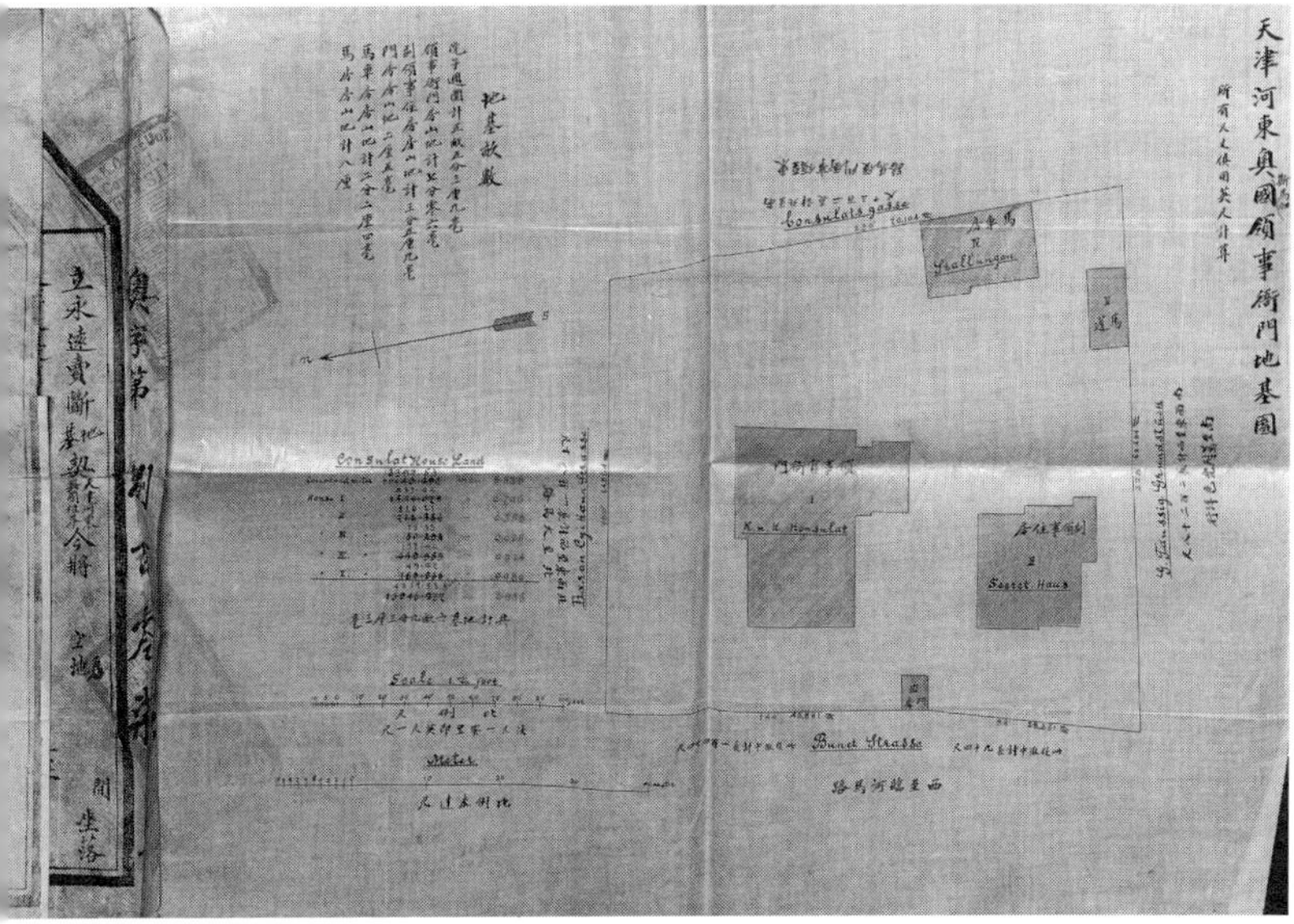

天津領事館の敷地
出典：HHStA, Gesandschaft Peking, Bericht des k. und k. österreichisch-ungarischen Konsulates in Tientsin, Nr. 7396/70, 1917.「天津河東奥国領事衛門地基図」.

一　天津救援委員会

本章では、中立国だった中国に視線を移して、主に捕虜たちに手を差し伸べた人々の動きを中心に見ていこう。

ハプスブルク帝国は義和団事変の結果（一九〇一年）、天津で租界を得るが、それはイタリア租界のすぐ北に位置し、中国人街と接していた。領事館などの公的な建物以外は全て中国人の低層の家屋が連なっていた。第一次世界大戦が始まる一九一四年の天津租界のハプスブルク帝国民は五〇人ほどだった。(1) そのハプスブルク帝国の天津租界、特に広い敷地を持つ領事館は、まず武装解除して避難してきたカイゼリン・エリーザベト号の乗組員の収容施設の役割を担うことになった。カイゼリン・エリーザベト号の乗組員たちがもう一度青島に向けて出立すると、天津の領事館もいったんは平穏を取り戻すことになった。しかし一九一四年年末に向けて、天津の領事館は北京のハプスブルク帝国公使館とともに、重要な役割を担うことになった。

ハプスブルク軍がガリツィア戦線で敗走し、大量の捕虜がロシア軍に捕らわれると、彼らはヨーロッパ・ロシア部から中央アジアを経てシベリアに至る広大なロシア領各地に収容されることになった。しかもロシア軍にとって、戦場の混乱の中で捕虜になった兵士を特定する作業は容易なことではなかった。とりわけ捕虜になったかもしれない兵士の家族にとって、自分たちの息子や夫に少しでも救援の手が差し伸べられるように、まず彼らがどこに収容されているのかを知ることが重要だった。日本が交戦国となり、駐日大使館が閉鎖された状況の中で、東アジアで活動しているハプスブルク帝国在外公館として北京公使館と天津領事館は、中央アジアからシベリアに至る広大な地域の膨大な人数の捕虜に対応する最前線に立たされることになった。原則として、捕虜の情報は、基本的には各国の「俘虜情報局」のような部局を通じ、相互に交換されることになっていた。そのためには俘虜情報局は軍から独立している必要があり、外交関係が途絶えても直接相手側に連絡を取ることができる体制づくりが必要とされていた。

図 3-1　天津救援委員会(1917 年)
出典：*In Feindeshand. Die Gefangenschaft im Weltkriege in Einzeldarstellungen*, Bd. 2, Wien, 1931, S. 271.

天津の領事館にはまず、シベリア、中央アジアの捕虜収容所に収容された捕虜たちに関する情報、特にロシアから提供された捕虜名簿に載っていなくて捕虜になっている可能性のある兵士に関する情報の収集が期待された。また中国に近い地域にあるロシアの捕虜収容所に収容されている捕虜の救援、特に捕虜の家族からの送金が速やかに捕虜に届くように取り計らうことが重要な任務になった。そのために一九一四年末には「シベリア抑留ドイツ、ハプスブルク帝国捕虜の天津救援委員会」(今後「天津救援委員会」と略)が設立されることになった。その規約によれば、設立の目的は、ドイツ、ハプスブルク帝国、およびその同盟国の国民で、軍、民にかかわらずシベリアで抑留されている者の困窮を和らげるために、義援金を集めて分配することにあった。この委員会は、東アジア全体の抑留者に対する救援活動の中央委員会の役割を果たすことになった。主な役割は、義援金を集めるだけでなく、抑留者の氏名とその収容先を特定し、俘虜情報局を通じて抑留者の家族に情報を提供し、家族から抑留者への送金や救援品を仲介することだった(2)。

そのために救援委員会は駐北京ハプスブルク公使館に支援を要請したが、同時に広く資金を集めるためにほかの在外公館に協力を呼びかけることも要請した。「アメリカ合衆国在住の同胞にも当地の公館を通じて資金集めに協力を求めるため、ニューヨークのハプスブルク総領事館、ワシントンＤＣの大使館にもその旨お伝えくださるようお願いいたします(3)」。

「駐北京アメリカ合衆国大使ラインシュから駐ペトログラード〔現サンクトペテルブルグ〕アメリカ合衆国大使宛ての度重なる電報による要請にもかかわらず、またアメリカ合衆国政府が承諾しているにも拘わらず、救援委員会からの視察員の派遣は、ロシア政府が正式に承認するに至っていない。信頼できる情報によれば、捕虜および民間人抑留者は困窮を極めており、ここにロシア政府の正式の許可がないまま、視察員を派遣することを決するものである」。視察員の役割は、直接捕虜〔とりわけ将校〕および抑留者に面会して、必要なお金を配り、大事な情報を得ることにある。そのために一二月二一日、海口大学の二人の教授、バーとフラーに必要なパスポートを持たせて天津からハルビンに向かわせた。

バー氏はウラジオストックでアメリカ合衆国領事コールドウェルの助けを借りて、救援物資の貯蔵庫を確保することになっている。救援物資は天津からウラジオストックまで船で運ぶことになる。バー氏はさらに以下の収容所を訪れ、出来るだけ直接捕虜、抑留者に会って、お金を渡すことになっている。すなわち、エフゲニエフカ（捕虜将校二五〇人）、シュコトヴォ（捕虜兵六〇〇〇人）、ラスドルノイエ（捕虜兵二〇〇〇人）、ニコルスク・ウスリースク（捕虜兵一万人）、スタンツィア・ムチナヤ・スヴィアギナ（捕虜兵一〇〇〇人）、ハバロフスク（捕虜兵一万人）の収容所である。フラー氏はハルビンから西に向かう（ダウリア（捕虜兵八〇〇〇人）、チタ（捕虜兵一万人）、ヴェルヒネ・ウディンスク（捕虜兵八〇〇〇人））。フラー氏の場合でも直接捕虜、抑留者と連絡を取って、お金を配ることが目的となる。できればフラー氏はイルクーツクの北のバラガンスクまで行って、鉄道から一八四ベロスタ（露里＝一露里は約一〇六七メートル）の距離にあるウスト・ウダ、同じく二〇〇ベロスタ離れたヤンディを訪ねてほしい。そこには民間人が一七〇人抑留されていて、食べるものにも事欠いているはずである。彼らには毎月必要なものを届けたい。

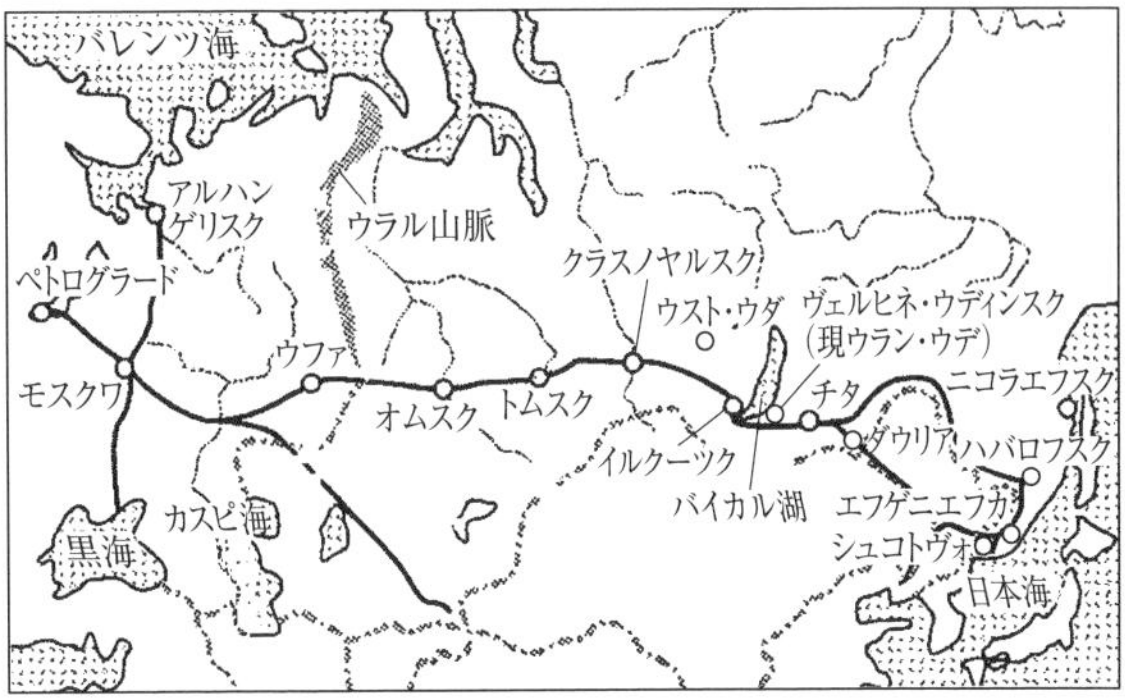

図 3-2　捕虜収容所視察関連地図
出典：麻田雅文『シベリア出兵——近代日本の忘れられた七年戦争』(中公新書，2016 年)の「シベリア出兵地図」をもとに著者作成．

必要なお金は郵便為替でハルビンから送っているので、民間人抑留者には行き渡っている。スホットヴァなど場所によっては、衛兵も近隣住民も敵対的で何も売ってくれないので捕虜たちが非常に困窮しているところがある。多くの場所で捕虜たちは路上に出て物乞いをしていると聞いている。また多くの捕虜が赤痢やチフスなどの病気に罹っている。また寒さのせいで多くの捕虜は四肢の凍傷に苦しんでいる。しかしどこでも薬がない状態である。

二人の視察員にはロシア・アジア銀行発行の二万ルーブルの証券を持たせている。また当座の必要に供するため二人それぞれに五〇〇ルーブルと五〇〇ドル持たせ、当座の医薬品も持たせている。二人が戻り次第、詳しい報告が領事たちに行われるはずであり、その報告は関係者の高覧に付されることになる。(4)

二　中立アメリカの視察・救援

ハプスブルク帝国の在中公館が自国兵士の捕虜に救援の手を差し伸べようとしても、それはロシアや日本といった「敵国」での救援活動になるので、直接救援活動を行えるわけではない。したがって、その救援活動を実際に実行していくためには中立国の協力が不可欠になる。この世界大戦では、一九一七年に参戦するまで中立大国であったアメリカ合衆国が抑留捕虜、民間人の救援に大きな役割を果たすことになった。

中立アメリカの視察 in France

交戦諸国に抑留されていた捕虜や民間人の救援活動に積極的に関与した中立アメリカに注目した歴史研究者のスピード三世は、その著書を次のような印象的な文章で始めている。

〔駐仏アメリカ大使館員〕リー・メリウェザーは厚手のコートを着ていたにも拘わらず、寒さで震えていた。雨が列車の車室の窓に打ち付けていた。湿気を含んだ冷気が列車の中にも入り込んできた。メリウェザーがこの列車に乗っていたのは一九一六年一二月、フランスを股にかけて旅行中だった。冬の最中にフランスの鉄道は暖房が効いていなかった。ましてや今は戦時なのでなおさらだった。一五時間の列車の旅の後にメリウェザーが着いたのはブレスト駅だった。冷え切ったホテルの部屋で一夜を明かしたメリウェザーは、翌朝アン城に出向いた。それは堂々とした中世の城郭だったが、当時ドイツ兵捕虜の収容所として使われていた。パリにあるアメリカ大使館でオーストリア＝ハンガリー、ドイツの利益代表部署の一員としてメリウェザーは収容所を視察して報告書を作成することが重要な仕事だった。今回の視察は城郭内の収容状況に対する捕虜の苦情に対応するものだった。ドイツ捕虜の苦情には、もし事態が改善されなければ、ドイツにいるフランス兵捕虜に累が及ぶだろうと書かれていた。(5)

アメリカ合衆国は中立国として、外交関係の途絶えた交戦諸国において、それぞれに「敵国」の立場に置かれた国の利益代表の役割を果たすことになる。そこでまず取り組んだのが抑留されている捕虜や民間人の救援だった。はじめ、アメリカ合衆国の対応は「受け身」ともいえるものであった。つまり交戦各国がお金を出して、アメリカ合衆国がそれを使ってそれぞれの国に捕らわれている捕虜や民間人の待遇改善に資する、という形を取っていた。一九一四年一〇月には早くも駐ドイツ・アメリカ大使はデーベリッツ収容所を訪れ、毛布や松葉杖、杖を配っている。アメリカ合衆国はこの後も協商諸国、中欧同盟諸国双方で救援活動を続けていくが、次第にもっと積極的に、どこの収容施設で何が必要とされているかを自らの手で把握することを目指すことになった。そこから収容所の「視察」が重要な課題になった。収容の在り方が国によって違いがあったので視察の方法も国ごとに違いがあったが、基本は次のような手順を踏んで行われた。

まず視察員は収容所司令部に身分証を提示し、視察の目的を明らかにする。捕虜収容所では、最初に捕虜高級将校と面会し、そのあとで収容所内を視察し、要点をメモに取った。そのあとでもう一度捕虜高級将校と面談し、将校自身が感じている不満や収容者一般の不満を聞き取った。そのあとで他の捕虜も同席して話をすることができた。一連の面談が終わると、視察員は収容所司令官と会談し、非公式ながら改善案を示し、司令官は自分の権限でできることには好意的に対応した。(6)

メリウェザーがその一員である駐フランス・アメリカ大使館は、フランス国内およびアルジェリア、チュニジアの捕虜収容所三三一か所、民間人収容所二一五か所、関係病院三一か所を視察し、六二九の報告書を作成した。(7)視察が当初目的にしたのは救援物資の合理的分配であったが、中立国による客観的な収容所の情報収集は、相互主義に基づく収容所環境の改善に資することになった。

中立アメリカの視察 in Japan

アメリカ合衆国の収容所視察が確立した一九一六年三月に行われた日本の捕虜収容所に関する視察

を垣間見てみよう。一九一六年三月一六日、千葉県知事は外務大臣宛に書簡を送り、その前日に行われたアメリカ合衆国大使館員による習志野収容所視察を次のように報告している。

大使館員俘虜収容所視察に関する件

米国大使館　三等書記官　サンマー・ウェルス

同通訳　二等書記官補　ゼームエル・ワランテーチ

右者昨十五日午前十一時三十分県下習志野俘虜収容所に来たり、衛戍司令官および同所長その他の職員に会見して俘虜の状況を問いたるに拠り、所長は俘虜に対する日課表を提示し、かつ運動方法等の説明を為し、また軍医よりは衛生状態、主計より給与に関する説明を為し、終わりて司令官以下職員とともに昼餐の上、午後一時より所長の案内にて俘虜将校室、医務室、酒保、炊事場および各兵舎を視察せり。而して視察員には俘虜と直接談話を許したるも単に「クーロー」中佐に対し、俘虜の状況を尋ねたるに過ぎずして他の俘虜とは何等の談話なく、また不平もしくは希望を述べたるものナシ。なお視察員の概評は俘虜待遇上に付きては十分と認め、ことに衛生上に至りては成績佳良ナリと唱え、頗る満足の模様にて、同二時退所せり。

アメリカ合衆国の在日大使館は習志野だけではなく、日本全国の捕虜収容所を視察し、日本の外務大臣宛に次のように報告した。

第一　丸亀　右においては寝室に換気設備ナシ。

第二　静岡　飲用水が便所を隔つる九尺の所よりくみ取られ居れり。右に関し一同不安の念を抱く。

第三　久留米　甲　当兵苛酷なること

乙　収容場の狭隘なること

丙　したがって俘虜中に病者多き事

丁　ウェルス氏巡視の際、士官より俘虜に対し何事に限らず思いつくを開陳すべく、これがため決して懲罰を受くることなしと伝え、俘虜は種々の苦情を忌憚なく陳述セリ。「ウェルス」氏が帰途停車場に至るに前記の士官より使者を使わし来たり。先に俘虜に与えたる保証を撤回し、俘虜が不実の陳述を為したる咎をもって懲罰せらるにつき旨告げたり。

多少注意の点は概ね左のごとし。

一、青野ヶ原　右においては俘虜は全く無聊《ぶりょう》を苦にして居るがためある種の職業を与えられんことを希望しおれり。

また「グレッシング」なるもの、腎臓病に罹りおれり。

二、丸亀　今一層多くの読書物を与えられたし。

「ベール」なるもの眼病に罹りおれり。

三、松山　非常に多数の病者雑居しおれり。

俘虜中三名は兵士にあらずして赤十字社員也。

その一名はウェルス氏に対して赤十字の徽章を手交せり。

四、大分　一人耳の病みおれり。速やかに治療せざれば聾となるの虞あり。
五、久留米　不具者となりし者二名あり。
六、福岡　イタリー人種一人の兵士あり。伊語のほか解せず。而して通訳者は伊語を解せざるため不便を感じ居れり。運動のための場所を与えられんことを望む。
七、大阪　「ウオルター」なるもの、年齢十六、兵役に服さなん者にあらず。ゆえに解放せらんべきものと考え居れり。妻に手紙を送らんと求めるもの一人あり。
八、名古屋　衛生隊に属するもの若干あり。これらの者俘虜を免せらん者と考え居れり。
九、徳島
十、習志野　右については何ら聞くところなし。(8)

世界の収容所を視察していたアメリカ合衆国の外交官に映った日本の収容所の姿がよく見えてくる。その中で日本の収容所の中で、各地の収容所長を招いて研修が行われるなど「モデル収容所」の役割を果たした習志野収容所を高く評価していたことは注目される。

バー報告

天津救援委員会が捕虜救援のために協力を求めた一九一四年末、アメリカ合衆国の方針はまだ視察よりも救援に重点を置いていた時期だったが、その最前線に立たされたバーの報告は捕虜の実情をよく伝えている。

フラーとバーは一九一四年一二月二三日に天津を出発して、ハルビンを経由して一二月二八日にウラジオストクに到着した。バーは現地駐在のコールドウェル米国領事と協議したあとでハバロフスクに向かった。途中ニコルスク（沿海州の南端）で停車した時に街に出て、オイゲン・Bとエマヌエル・Dの二人のオーストリア人医師と町のケーキ屋さんで出くわすことになった。お茶とケーキをともにしながら二人から話を聞くことができた。二人は九月にルブリン（現・ポーランド）近郊で捕虜になって、ニコルスクへ送られたという。二人は街を自由に歩くことは許されている、と語った。ニコルスクには大規模な捕虜収容所があるが、そこで脱走が「流行った」ので将校の多くは警備のしやすいクラスナイア・レチカに移された。二人がニコルスクにとどまったのは、収容所敷設の病院に収容されている二六五人の患者を診るためだった。暗くなってから二人の案内でバーは歩哨の目を盗んで収容所内に入り、患者とスタッフの声を聴くことができた。病院は前線に出たロシア兵が使っていた兵営数棟からなり、そのうち一棟が病棟になっていた。ここには八〇〇〇人の捕虜が収容されていたが、そのうち二五〇人が病棟に住んでいて、残りの七七五〇人が一般棟に収容されていた。病室は暖房が入っていたが、ストーブは大きさも数も足りていなかった。ただしバーの判断では、病室は十分に大きくて、風通しも良かった。

病室ではマットと毛布、枕がついているベッドが割り当てられ、パジャマ、ローブ、スリッパも提供されていた。ただし一般の収容棟はコンクリートの床に板が敷かれていたが、それは一二月に設置されたもので、それまではコンクリートの床にじかに寝かされていた。一般の捕虜たちは春物の薄い制服をあてがわれており、毛布もコートも持ち合わせていなかった。一日の食事は一杯のスープと一ポンドの黒パンで、お昼に提供された。多数の捕虜が腸チフスに罹っていたが、バーはその原因は汚染水にあると考えていた。バーは収容所自体は改善の余地が大きいが、病院は素晴らしいと評価した。ただしプリモリエ（沿海州）のほかの収容所は医療施設が不足しており、重症患者はニコルスクに送る、ということで捕虜に関する医療体制が成立していた。

一九一五年の総括

こうして、天津救援委員会は中立国中国を拠点とし、中立国アメリカ合衆国の協力を得て、何とかその活動を始めることができた。それから一年後の一九一五年末の活動報告では、自分たちの一年間の活動を総括して、東アジアで抑留されているドイツ、ハプスブルク捕虜、民間人にとって、その苦しみを和らげる上で彼らの救済活動が効果を挙げていることを自賛している(9)。

一九一四年末に天津では、想像を絶する人数の捕虜、民間人抑留者がシベリアの各地に設置された収容所に抑留されて、困窮を極めていることが明らかとなった。そこでここ天津で救援活動が組織されることになった。この活動の目的は、中国在住のドイツ、ハプスブルク国民から、寄付を募り、衣服や下着などの救援物資を集め、ロシアの捕虜になったり、ハプスブルク国民、ドイツ人民間人でシベリアに抑留されたりした人々に救援物資を届けることにあった。

この目的のために、広くドイツ国民、ハプスブルク国民に犠牲を求めたところ、上海、北京、漢口、済南、神戸、横浜、マニラ、バタビア、バンコクにも救援委員会が作られたが、中央委員会はあくまでも天津の救援委員会である。なぜならシベリア各地の収容所に最もアクセスがいいのが天津だからである。

さらにこの活動報告では、救援委員会の活動領域が当初考えられていたものよりも大幅に拡大したため、ボランティアに頼った運営では立ちいかなくなり、有給の職員の数は一三人にまで増え、事務所ももともとハネケン夫人の居宅が使われていたが、今やドイツの会社の四室を使うまでになったと指摘されている。また、当初の北京、上海、天津など中国の都市、神戸、横浜など日本の都市に加えて、シカゴ、クリーヴランド、ニューヨークなどハプスブルク帝国からの移民が多かったアメリカ合衆国の都市、フランクフルト・アム・マインなどドイツの都市やハプスブルク帝国などからも寄付金が寄せられるようになり、寄付金等の収入も一九一四年の六万ドル余りから九四万ドルへと増加したことを報告している。

また本報告によると、実際の救援活動は以下のようであった。

（一）捕虜、民間人抑留者の特定、登録、送金

民間人抑留者には通し番号を付し、姓名、出身地住所、収容地、その他職業などを登録する。捕虜の場合は通し番号を付し、姓名、階級、所属、職業、出身地住所、収容地、所属部隊を登録する。

救援物資が届いた場合にはその詳細、貸付額、収容者の側からの受領書、収容者の家族からの連絡、収容者から返済が行われればその領収書などが記録される。

送金が認められた時には、三人のヨーロッパ側の人物と一人の中国側の人物の立会いの下で、決められた額が封筒に入れられ、厳封したうえで、ロシアの郵便で郵送される。同時に当該の

抑留者には返信用の受領書が同封される。

（二）医薬品、包帯、手術用具、歯科医療具など、七一四四ドル相当の医療関連品が送られた。

（三）生活必需品の送付

寄付された衣服、下着、靴、手袋、帽子、コート、毛布などの必需品を収容所に届ける。そのほか天津では以下のものが購入のために注文された。

綿が詰まった布団七万三〇〇〇枚、綿入りのコート七万三〇〇〇着、八〇〇〇足の長靴、三万足の足布〔足に巻く布、靴下の代用品〕、八〇〇〇枚の手袋、八万着のウールのシャツ、その他石鹸、タオルなど。

救援品は主として天津から船積みされた。上海や漢口では、ロシア領事がウラジオストクに直接物資が運ばれることに異議を挟んだからである。実際天津からは一九一五年一〇月から一二月までに九万七〇〇〇枚の毛布、八万五〇〇〇着のコートなどが送られた。

（四）図書、雑誌、楽譜

図書は、当初はハネケン夫人が寄贈したものが捕虜たちに配られただけだったが、一九一五年六月以降には天津救援委員会のなかに書籍部門が設けられるに至った。新聞で呼びかけたり、北京や天津で「本の日」を開催したりした結果、書籍、雑誌、楽譜がアジアやアメリカ合衆国からも届けられるようになった。また学術的な内容の書籍の購入については一〇〇〇ドルの予算をつけている。当初書籍等は捕虜の希望に応じて配分していたが、今や三五の捕虜収容所に送られる体制が整い、収容所によっては図書館が出来て、無料で貸し出されている（一九一五年六月一日から一二月三一日までに本が五五〇〇箱、雑誌が六〇〇箱送られた）。

（五）郵便物

手紙類に関しては、シベリアの捕虜のものであっても、故国やアメリカ合衆国在住の家族であっても住所などの情報が確かな限り、即座に配達される。ここで問題になるのは、捕虜の収容先が頻繁に変わることである。これは将校の場合に特に多く見られることである（一二月三一日までに天津救援委員会が扱ったロシアの収容所からの手紙は四万五〇〇〇通に達する）[10]。

中立アメリカの協力

天津救援委員会は限られた資源の中で、シベリアの捕虜、民間人抑留者の生活の改善に努めたが、その活動を支えたのは、中立国としてのアメリカ合衆国の協力だった。ここでアメリカ合衆国等のハプスブルク帝国の捕虜、民間人抑留者の救援に関係した者が一堂に会した会議の様子を見てみよう。トランスバイカル地区およびプリアムール地区の捕虜、民間人抑留者救援に従事する調査員会議は、一九一六年七月七日、八日ウラジオストクのアメリカ合衆国領事館で開かれた。出席者は、駐ウラジオストック・アメリカ合衆国領事のJ・K・コールドウェル、駐ペトログラード・アメリカ大使館プリモリエ地区調査員のR・A・バー、駐ペトログラード・アメリカ大使館トランスバイカル地区調査員のJ・J・ケリガン、駐ペトログラード・アメリカ大使館トランスバイカル地区民間人抑留調査員のW・B・ウェブスター、在中国アメリカ合衆国赤十字代表（天津本部）のR・T・エヴァンス、在中国アメリカ合衆国赤十字上海本部のJ・B・ファーン、YMCA世界委員会（シベリア捕虜救援、本部

＝イルクーツク）のH・A・モラン、YMCA世界委員会（プリアムール地区捕虜救援、本部＝ハバロフスク）のC・P・コンガー、スウェーデン赤十字委員会代表のS・ヘドブロームであった。

まずバーが口火を切り、この会議の目的が、捕虜収容所のために活動している諸機関が協力しあうことであると述べた。アメリカ合衆国赤十字のエヴァンスが、回復期にある傷病捕虜のための食糧供給について報告し、この会議で必要と認められたもののうち、すでに入手できたものとまだ入手できていないものについて一覧表を示した。それによれば、米、砂糖、さやえんどう、などは一定量（プリアムール地区では米、さやえんどうに関しては三〇〇〇人分、トランスバイカル地区では米、砂糖、さやえんどうに関して六〇〇〇人分）が天津救援委員会より提供されたものが在中国赤十字を通じて入手できていたことがわかる。またドライアプリコットやプルーンはすでに購入済みで、玉ねぎや肉、乾燥果実類でまだ入手できていないものがあることがわかる。

YMCAの参加者は、YMCAの活動を詳しく報告した。まずYMCAの捕虜、民間人抑留者の救援のための委員会の執行部はハンガリー人、オーストリア人、ドイツ人から構成されており、この執行部がアメリカ合衆国YMCA代表と協力する形でそれぞれの収容所でのYMCAの活動に責任を持っていた。YMCAの救援委員会には七つの小委員会があった。福祉委員会は傷病捕虜の診察や衣服の修繕、収容所内に調理場を作ることを受け持った。

学校委員会は収容所内に学校を作って授業を提供した。宗教委員会は、ローマカトリック、プロテスタント、正教徒、ユダヤ教徒、イスラム教徒それぞれに宗教的サービスを提供した。音楽委員会はオーケストラとコーラスを組織し、スポーツ委員会はサッカー、ボウリングなどスポーツ活動を支援し、図書館委員会は貸し出し用の本をそろえ、美化委員会は収容所棟の備品の整備などを行った。

ＹＭＣＡからの参加者に対して、駐ペトログラード・アメリカ大使館が捕虜や民間人抑留者にお金を届けたり、物資を提供したりすることに対してどのような形で協力してもらえるのか、という質問が出された。それに対してＹＭＣＡを代表してモランはＹＭＣＡ傘下のあらゆる組織（例えば各収容所に作られた委員会）は大使館の用に供されることを表明した。

バーはウラジオストックまで届いた捕虜、民間人抑留者への家族からの書簡類はロシア国内の郵便や電報を通じて本人に届けられるか、自分が実際に収容所を訪問するときに持参する、と述べ、特に金銭に関しては、六週間以内に届けることを受け合った。コールドウェルは民間人抑留者に関して、エニセイ州以東の収容所の救援に関して、駐ペトログラード・アメリカ大使館が責任を持つことを表明し、可及的速やかに送金や救援衣服の受領と管理のための委員会を各地に設置すべきことを述べた(11)。

一九一六年半ばの時点で、アメリカ合衆国の大使館、赤十字、ＹＭＣＡ各機関の協力関係が確立されていたとは言えないが、少なくとも大使館、赤十字は天津救援委員会と密接に連絡していたことは読み取れる。天津救援委員会はその支援のもとでシベリアで収容されていた捕虜、民間人の救援に当たったが、同時にハプスブルク帝国天津領事館と北京公使館はロシアの収容所を脱走した捕虜の救援にも当たることになった。

三　「公使閣下におかれましては」――脱走捕虜の救援

ロシアで革命が起きると大量の捕虜兵が収容所を脱出するようになったが、じつはその前から捕虜の脱走は後を絶たなかった。中央アジアの収容所であれシベリアの収容所であれ、脱走して向かう先は中国であり、その処遇は中国側の政策と深く関係していた。一九一七年八月まで中立政策を採っていた中国の方針は、ロシアからのハプスブルク軍の脱走捕虜兵は、中国官憲が保護し、ハプスブルク側に引き渡す、というものだった。中国はハプスブルク帝国の駐北京公使に対して、中立国として捕虜の保護に当たることを約束した。すなわち、ハプスブルク帝国の脱走捕虜が国境内に入れば、その地域の地方官吏は脱走捕虜の名前を中央政府まで報告し、中央政府はオーストリア＝ハンガリー公使館に伝えると同時に捕虜たちを通商港まで輸送したうえで、その後の措置について公使館側の指示に従うことを約束した。

実際に脱走捕虜が中国に入ってくるのはロシアからアムール川（黒竜江）、ウースリー川を渡った、吉林省であった。吉林省は具体的に対応策を次のように考えた。まず参戦国（この場合オーストリア＝ハンガリー）の捕虜がいったん中立国（この場合中国）に逃げ込んだら、普通の外国人と同様に扱い、当該地域の法律に基づいて管轄する。ただしどこも辺境の地であり、外国人に不慣れなので、各県庁所在地に外国人居留地を作る、その規模は五〇人を目途とする。その名称は「外国軍人居留区」とし、当該地域の警察署が管轄し、流浪する外国人脱走捕虜に安心立命の場を提供する、とした。実際にロシアの捕虜であった二人のオーストリア＝ハンガリー軍将校が脱走して吉林省の寧安《ねいあん》に着いた時の様子を伝える書簡がある。二人は寧安で長期間留め置かれている状況を憂いて北京の自国の公使に救援を求めているが、中国側の対応も、約束したことからそれほど大きく逸脱したものではなかったことをうかがわせる内容である。

私たちは現状に鑑み、やむに已まれぬ気持ちでこの手紙を公使閣下にお届けすることをお許しいただきたいと思います。できましたら閣下におかれましては、私たちの置かれました窮状に救いの手を差し伸べていただきたいと思います。

アレクサンダー・C少尉と私ギュスタフ・S中尉はともにオーストリア゠ハンガリー軍の軍人でありますが、今年の一〇月二七日から二八日にかけての晩に列車が満洲を通過中に列車から飛び降り、ロシア軍の捕虜という立場から脱走しました。北京か天津に向かい、そこから帰国して再び前線で戦うつもりでした。苦労して一〇月二九日の早朝四時にやっと寧安に着きました。そこで私たちは車を手に入れて先に進もうと思いました。ところが運が悪いことに、中国の警察部隊に拘束され、当地の管区長のところに連行されたのです。私たちは自分たちの素性を明らかにしましたが、管区長は自分の権限でここから先に行くことは許さない、吉林か北京にお伺いを立てるので指示があるまで待て、と言われました。ここはロシアとの国境も近いのでもう一度ロシアの捕虜にならないためにも吉林まで行きたいと述べたところ、管区長は吉林にその旨伝えてくれましたが、吉林からは断りの返事が送られてきました。そういうわけで私たちはもう三週間みじめな状況で当地にいて、北京から色よい返事があるまで先に進む展望はありません。寧安は典型的な中国の町で、ヨーロッパ人が長く滞在するところではありません。公使閣下におかれましては私たちのこの窮状にご理解いただき、援助の手を差し伸べていただきたくお願い申し上げます。(12)

ロシア警備兵と中立中国との関係

また脱走捕虜に安心立命の場を提供しようとする吉林省の態度を問う事件が発生したことがあった。駐北京ドイツ大使は中国の外相に宛てて、以下の抗議を行った。

　ロシアの捕虜収容所を脱したドイツ人一人、オーストリア人三人は六月初めに吉林省撫遠に到着した。そこから中国官憲の護衛の下で同江《どうこう》県に向かった。ところが Kochiatien 村でロシア兵に追いつかれてしまい、ロシア兵は武力で中国の護衛兵を脅し、脱走した四人をロシアに連れ戻してしまった。ロシア当局の今回の行動が中国の主権侵害に当たるかどうかを云々することは小官のよくするところではないが、大臣閣下におかれましては、即座にしかるべき抗議をされるべきと考えます(13)。

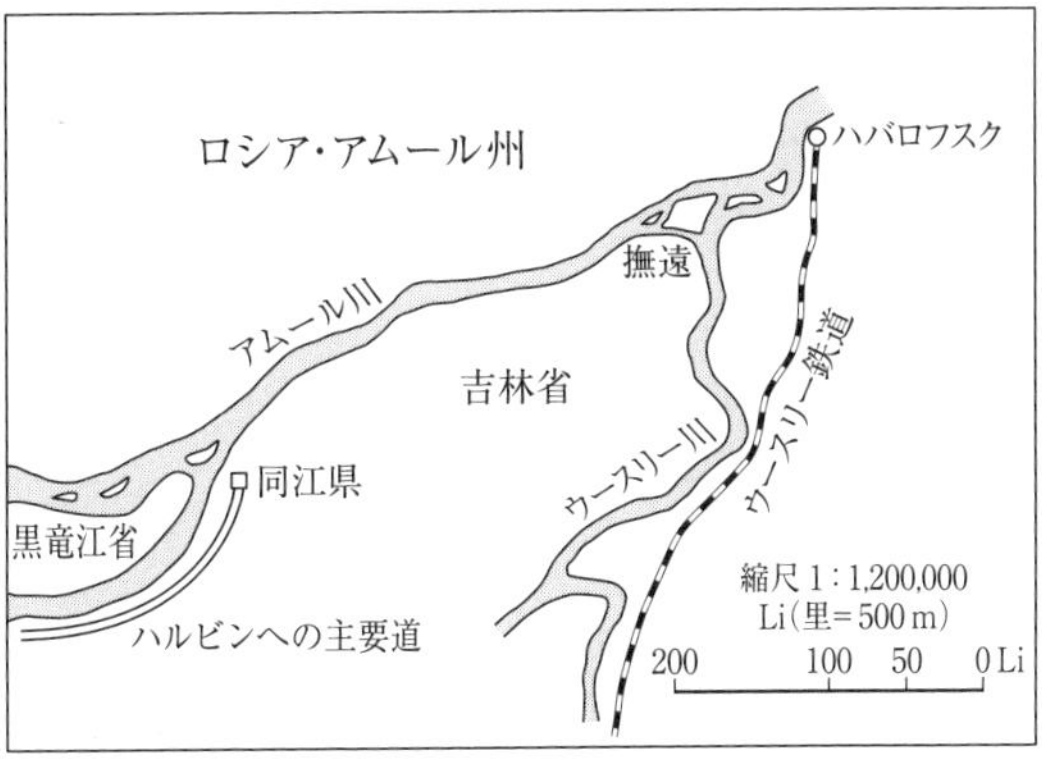

図 3-3　シベリアの捕虜収容所から中国への脱出経路
出典：HHStA, Gesandtschaft Peking, Nr. 879 (26. Nov. 1915).

吉林省は脱走捕虜が無事に吉林省まで到達したときには彼らを保護するに吝《やぶさ》かではなかったが、ロシアの収容所警備の兵が追って来たときに、命がけで守るだけの覚悟はなかったと言えるだろう。オーストリア＝ハンガリー兵でロシアの捕虜収容所を脱走して無事保護された者の一部は天津の領事館を警護する海軍分遣隊に編入された。「ロシアの捕虜収容所から脱走した歩兵ヴァルガ・J、予備役歩兵シュテルン・M、予備役歩兵オブラドビッチ・H、予備役一等兵ミクラ・A、陸軍伍長グロース・A、予備役小隊長ナジ・J、予備役小隊長リンハルト・Oから聴取した記録を添付する。上記のものは天津のハプスブルク海軍分遣隊に配属される」(14)。

ある将校の体験から

ロシアから中国に入った脱走捕虜自身の記録からその様子を見てみよう。以下はロシアの収容所を脱して北京に逃れたスタニスラウス・Gの聴取記録である。スタニスラウス・Gは一九一六年のイースター(四月二八日)に収容されていたタシケントの病棟から脱走した。彼はポーランド系でロシア語が話せたのでタシケントからサマラに向かい、サマラからハルビン、吉林を経て、脱走して一月後の五月二八日に北京の公使館に出頭することになった。そこでスタニスラウス・Gは自分が見たロシアの状況を詳しく述べている。

収容所にいても次のようなことはわかりました。つまり前線に向かう兵もほとんど熱狂して、ということはなくて、兵士たちはどうしたらオーストリア軍の捕虜になることができるのか聞いていました。それどころか私たち捕虜になっているオーストリアの将校にオーストリア向けの推薦状を書いてくれるように頼む者もいました。〔中略〕ロシアの民間人にはこの戦争での勝利を確信している人はあまりいませんでした。一九一六年一月のタシケントではこんな光景が見られました。路上で新聞売りがロシアの戦勝を告げる新聞を声をあげて売っていました。私たちの近くにいた女の人が「いつも勝った、勝ったと言いながら政府は召集を止めない。戦争はもう終わりにしなければ」と言っていた。

とロシアに広がる厭戦気分を伝えた後、自分たちの経験したロシアの捕虜収容所の状況を次のように述べた。

タシケントの収容所には四〇〇〇人から五〇〇〇人の捕虜が収容されていますが、毎日一〇人ほどの捕虜が死んでいます。この収容所はトロイツキ収容所と呼ばれますが、まさに殺人窟です。ここにいる捕虜もオーストリアの医師も死刑を宣告されたようなもので、順番に死んでいきます。捕虜の宿泊施設は貧弱で地面にそのまま寝たり、場合によっては屋根のないところで寝なければなりません。ゴキブリにも悩まされます。二月になると慈善品がオーストリアやドイツからタシケントに到着して、着るもの、毛布、靴、歯ブラシなどが配られます。飢えに苦しむ捕虜たちはそれで手に入れた物資を売って、食費に宛てます。

スタニスラウス・Gは少尉で将校だったのでこの記述の対象となっている一般兵士の捕虜とは異なる待遇を受けていたが、自分の見たことを報告してオーストリア＝ハンガリーの駐北京公使館の活動に資することを願っていた(15)。

ロシアの捕虜収容所を脱走したオーストリア＝ハンガリーの兵士の中で無事中国領内に達したものは、基本的には中国当局に保護されてハプスブルク側に引き渡された。事情聴取を受けた後、分遣隊に配属されて中国に留まった者もいれば、帰国した者もいた。しかし、せっかくロシアの収容所を脱して中国に逃れながら、奉天にある日本の満鉄付属地に在る警察に保護を求めたため、今度は兵庫県の青野原収容所に収容されることになった、という気の毒な例が一つだけある。

> 二年以前リガ付近にて露国の俘虜となりシベリアに収容中、再度戦線に立つを厭うて脱走したる一名のオーストリア下士、所持金無きため四月十日奉天付属地なるわが警察署に保護を願い出でたるにより、我が国に収容することとなり、関東都督府より青野原収容所に護送し来り。同地に収容の手続きを了したり[16]。

シベリアの収容所を脱した捕虜がもう一度今度は日本軍の捕虜になるのはこの一例だけだが、その存在によって、日本の捕虜収容所も協商諸国側捕虜収容所群島の一部を形成していたことが容易に理解できるのである。

（1） Gerd Kaminski/Else Unterrieder, *Von Österreichern und Chinesen*（以下 Kaminski/Unterrieder, *Von Österreichern und Chinesen* と略）, Wien/München/Zürich: Europaverlag, 1980, S. 449.

（2） HHStA, Gesandtschaft Peking, Satzungen der Hilfsaktion für Deutsche und Oesterreichisch-ungarische Gefangene in Sibirien, Tientsin.

（3） HHStA, Gesandtschaft Peking, Nr. 814（21. Dez. 1914）.

（4） HHStA, Gesandtschaft Peking, Nr. 814（21. Dez. 1914）.

（5） Richard B. Speed III, *Prisoners, Diplomats, and the Great War. A Study in the Diplomacy of Captivity*, New York/Westport, Connecticut/London: Greenwood Press, 1990, p. 15.

（6） Ibid., pp. 20–30.

(7) Ibid., p. 30.

(8) 外務省外交史料館「在本邦米国大使館員「ウェルス」俘虜収容所視察ノ件」「日独戦争ノ際俘虜情報局設置並独国俘虜関係雑纂」第五巻(5-2-8-0-38_005)。JACAR(アジア歴史資料センター)Ref. B07090909500.

(9) HHStA, Gesandtschaft Peking, *Hilfsaktion für deutsche u. österr.-ungar. Gefangene in Sibirien* (Tientsin, 31. Dezember 1915), p. 1.

(10) Bericht des k. u. k. österreichisch-ungarischen Konsulates in Tientsin über die Taetigkeit der Hiesigen Hilfsaktion Fuer Deutsche und Oesterreichische-Ungarische Gefangene in Sibirien im Jahre 1915. (HHStA, Gesandtschaft Peking, Beilage zu Zahl Nr. 977/16).

(11) HHStA, Gesandtschaft Peking, Beilage zu Bericht Nr. 610A (31. Juli 1916).

(12) HHStA, Gesandtschaft Peking, Nr. 879 (26. Nov. 1915).

(13) HHStA, Gesandtschaft Peking, Nr. 502 (12. Aug. 1915).

(14) HHStA, Gesandtschaft Peking, K. u. k. Marinedetachement in Peking ad. Res. Nr. 37 (17. März 1917).

(15) HHStA, Gesandtschaft Peking, K. u. k. Marinedetachement in Peking Nr. 75/1 (31. Mai 1916).

(16) 防衛省防衛研究所「露国ヲ脱出シタル墺太利《オーストリア》俘虜ノ取リ扱イニ関スル件」「欧受大日記」大正七年(一九一八年)欧受第六七三号。JACAR(アジア歴史資料センター)Ref. C03024919800.

第 4 章　帰還兵の反乱

クラグエヴァッツ，処刑場に向かう反乱兵たち
出典：*Innere Front*, Bd. 2, SS. 421ff., Abb. 24.

一　亀裂

プラシュカからの歴史研究書『国内前線』は、その冒頭でハプスブルク帝国の占領下セルビアの町クラグエヴァッツの路上を刑場に連行される四四人の兵士を描き、帝国内にできた亀裂をこの本の対象とすることを明確に示している(1)。ここで銃殺刑に処された四四人の兵士は、スロヴァキアのトレンチーンを徴兵区とする第七一歩兵連隊(スロヴァキア語が八五%)の後備部隊に属し、ロシアの捕虜収容所から帰国した帰還兵だった。彼らはロシアとの国境に設置された帰還兵の受入所で検疫と訊問を受けた後、一月ほどの休暇を与えられ、一九一八年四月末から故郷から遠く離れたセルビアの占領地の後備部隊に配属されていた。

六月二日は日曜日でうだるような暑さだった。後備部隊の兵士たちは酒場に繰り出し、アルコールの勢いもあって現状への不満が噴出した。特に行軍部隊に編成された帰還兵たちに不満が強かった。彼らはいつでも前線へ向けて送られる可能性があった。酒場では言葉は過激でも行動にまでは至らなかったが、ほろ酔い機嫌で帰営した一人の兵士をある下士官が叱責したところから騒ぎが始まった。そこにたまたま三〇人から五〇人ほどの帰還兵が帰営し、そこで件の兵士が助けを求めたところから帰還兵たちは下士官をす巻きにしてしまった。行軍中隊の兵士は武装して兵営を襲った。その間にす巻きを脱した下士官は将校に急を知らせた。これを受けて一人の中尉が兵営の衛兵に警戒態勢を取らせたが、彼らは反乱兵士に圧倒され件の中尉も胸を撃たれ、頭をたたかれる始末だった。反乱兵士は兵営で略奪行為をおこなった。反乱側でも二人の下士官が指揮を執り、一隊が駅を占拠、もう一隊が武器庫を襲って武器を調達する、という手はずを整えた。駅を襲った一隊は占拠に成功したが、武器庫に向かった一隊は途中で略奪に夢中になり、武器庫に着いた時には守備隊は迎撃態勢を整えていた。午後一一時には後備大隊司令部も事件の経緯を知り、反撃態勢を整えていった。結局反乱兵士が兵営に立てこもったところで砲兵隊が攻撃し、翌日午前五時には軍が反乱兵の拠点となっていた兵営を制圧した。これを受けた戦地軍法会議が四四人に死刑を宣告した。刑場へ向かう反乱兵たちを描いたのが、本章冒頭の場面になる。

『国内前線』の著者たちが、国家に反乱する勢力が臨む前線の向こう側、つまり国家の秩序を維持する勢力として考えたのが治安装置だった。治安装置の主力を構成するのは民政当局の警察力であったが、それでは治安維持に不十分であると判断した時に軍から編成されるのが、治安部隊だった。軍隊の編成は大きく分けて、前線で敵軍と対峙する前線部隊、銃後に置かれた後備部隊、いずれ前線に向かう編成としての行軍部隊に分けられたが、そのうち治安維持のために使われるのが、後備部隊だった。後備部隊を構成していたのは、回復途上の傷病兵や新兵であったが、この時期に帰還兵が加わることになった(2)。つまり帰還兵を中心とした後備部隊の反乱は治安維持装置の最後の拠り所が崩壊していることを示しており、国家権力の弛緩を何よりも物語っていた。ただし、ここで例に挙げたスロヴァキア系の後備部隊のように、故郷から遠く離れた占領地に駐屯させられるケースは、むしろ例外に属していた。

徴兵区と帰還兵の配属先について

ハプスブルク帝国の軍隊には、その国家の在り方を反映して、多くの言語集団が含まれていた。そしてそれぞれの言語集団が一定の権利を持つことが、この国家の安全装置の役割を果たしていた。したがって、ハプスブルク帝国の軍隊はその使用する言語を大きく三つに分けることによって、軍隊としての効率性と言語の平等性を両立させようとしていた。一つが指揮命令に関する言葉でこれはドイツ語であった。また軍隊の行政に関する言語もドイツ語だった。しかし一つの連隊で二〇％以上の兵士が使用する言語は「連隊語」として充分尊重されなければならなかった。つまり軍隊内の生活や教練は自分の言語で行われることになっていた。また一つの連隊には一つの徴兵区が割りあてられてお

出典：*Innere Front*, Bd. 2, SS. 421ff., Karte 1 をもとに修正.

ルムブルク
リベレッツ
チェスカー・リーパ
シュムペルク
ピョトルクフ
イチーン
Elbe
プラハ
ドイツ
シュレージエン
クラクフ
ビエリッツ
ボヘミア・モラヴィア
March
Váh
Moldau
トレンチェーン
上・下オーストリア
ロソンチ
Donau
ブラティスラヴァ
フォアアールベルク
Inn
Wörgl
シュタイアーマルク
ザルツブルク
ムーラウ
ユーデンブルク
スイス
ティロール
ハン
ケルンテン
ラートカースブルク
Etsch
Drau
Mur
Kaposvár
Dombóvár
Szabadka
Nabresina
クライン
ペーチ
Dráva
沿岸地方
Fiume
クロアチア・スラヴォニア
Sava
イタリア
Bosna
ボスニア・
ヘルツェゴヴィナ
ダルマチア
アドリア海
Sinj
Konjica
Neretva
Mostar
Capljina
モンテネグロ
軍管区
Cattaro
ALBAN

図 4-1　反乱発生地図

り、したがってそれぞれの連隊はその徴兵区の言語状況を反映した言語構成になっていた。このことは民族政策の一環として重要な意味を持っていた。軍隊としての効率性から言えば、駐屯地と徴兵区を一致させることに合理性があった。つまり予備役の召集にしても、新兵の教練にしても、傷病兵の回復にとっても駐屯地が徴兵区にあることは有利だった。それも一つの民族政策だが、治安維持の観点から言えば別の見方もあった。つまり後備部隊が治安出動する可能性がある以上、地域住民と言語的に同一の部隊には不安があった。

ハプスブルクの軍隊は一八九〇年代に駐屯地と徴兵区を一致させる政策が急速に進んだ。それが世界大戦における順調な動員を可能にしたことは事実だが、戦争の長期化とともに人々の不満が高まる

概要

部隊構成(言語)
ドイツ語23%, チェコ語75%
ハンガリー語88%
チェコ語48%, ドイツ語41%
ウクライナ語
ポーランド語75% (ウクライナ系帰還兵による反乱)
ルテニア(=ウクライナ)語73%
ポーランド語97%
(言語構成は不明)
ポーランド語26%, ルテニア語59%
ルテニア語72%
(言語構成は不明)
ポーランド語88%
ドイツ語27%, チェコ語23%, ポーランド語37%
ポーランド語31%, ルテニア語59%
ポーランド語25%, ルテニア語68%
ポーランド語29%, ルテニア語62%
ハンガリー語29%, スロヴァキア語67%
(言語構成は不明)
ドイツ語20%, ハンガリー語28%, スロヴァキア語51%
スロヴェニア語86%
ハンガリー語48%, ルーマニア語49%
スロヴェニア語45%, クロアチア語27%, イタリア語20%
ドイツ語33%, ハンガリー語23.5%, スロヴァキア系15.5%, 南スラヴ語23.5%
スロヴァキア語85%

表 4-1　反乱部隊の

	日付(1918年)	発生地	反乱部隊
ボヘミア, モラヴィア地方	5月12日	チェスカー・リーパ (ベーミシェ・ライパ)	第18歩兵連隊後備部隊
	5月17日	リベレッツ (ライヘンベルク)	第44歩兵連隊後備部隊
	5月21日	ルムブルク	第7射撃連隊
	5月23, 24 〜28日	シュムペルク	第95歩兵連隊
	5月29日	イチーン	第90歩兵連隊後備部隊
ガリツィア地方	4月25日	ジュラヴィィッツァ	第9歩兵連隊後備部隊
	5月12日	サンボル	第40歩兵連隊後備部隊
	7月3, 4日	クラクフ	第33射撃連隊
	7月8日	ビエリッツ	第55歩兵連隊後備部隊
ポーランド軍管区	5月18日	ルブリン	第58歩兵連隊後備部隊
	5月25, 26日	クラシュニク	第18猟兵隊
	5月29日	キエルツェ	第56歩兵連隊後備部隊
	6月5日	ピョトルクフ	第100歩兵連隊後備部隊
	7月5日	ザモシチ	第30歩兵連隊後備部隊
北ハンガリー	5月12日	リマソンバット	第80歩兵連隊後備部隊
	5月21日	トレンチェーン	第15歩兵連隊後備部隊
	5月28日	ロソンチ	第29猟兵隊
	5月29日	サヨーエチェグ	第305ハンガリー国防軍歩兵連隊
	6月5日	ブラティスラヴァ	第72歩兵連隊後備部隊
オーストリア, シュタイアーマルク	5月13日	ユーデンブルク	第17歩兵連隊後備部隊
	5月14日	ムーラウ	第37歩兵連隊後備部隊
	5月23日	ラートカースブルク	第97歩兵連隊後備部隊
ハンガリー	5月20日	ペーチ	第6歩兵連隊後備部隊
セルビア軍管区	6月2日	クラグエヴァッツ	第71歩兵連隊後備部隊

出典：*Innere Front*, Bd. 1, SS. 291ff.

と、反乱を警戒して治安部隊の実効性を強化するため、軍はこの政策を一部修正し、例えばチェコ系の多いプラハ周辺にはハンガリー系部隊を配置するなどの措置を取ることになった。帰還兵を中心に反乱が起きた部隊を地域に分けてみてみよう(図4-1、表4-1)。

図4-1と表4-1で概観したように、帰還兵を中心とした後備部隊の反乱はハプスブルク帝国全土で起こっており、特に民族的特徴があるわけではない。スラヴ系の部隊が多いことは確かだが、それもロシアの捕虜政策(スラヴ系は故郷に近いヨーロッパ・ロシアに収容する)の結果、ロシアの混乱の中で帰国できた旧捕虜にスラヴ系の人たちが多かったためと考えられる。また明らかに言語的に異質な地域の後備部隊に編入された場合(表4-1の第四四歩兵連隊=ハンガリー語が多数でチェコ語地域に駐屯)もあるが、それはむしろ例外で、基本的には地元に近い駐屯地に配属されていたと考えられる。しかも反乱はほぼ一日で鎮圧されていて、反乱相互の組織的連携も見られない。本章では比較的に規模が大きかったユーデンブルクとラートカースブルクの反乱を詳しく見て、帰還兵の反乱の意味を考えてみよう。じっさいの反乱を見ていく前に、まず最初に注目したいのは、帰還兵が最初に祖国と改めて遭遇する帰還兵の受け入れ施設である。

二 「侮辱的」歓迎?! ——帰還兵の受け入れ

一九一七年三月(ロシア暦二月)にロシアで革命が起こり、帝政が打倒されると、捕虜収容所の秩序も弛緩することになった。そのことは収容されている捕虜たちから見れば、プラスマイナス両面があった。つまり秩序の弛緩は収容所を出ることを容易にしたが、他方でそれまでともかくも保障されていた寝る場所と食事が確保されなくなる可能性があった。一九一七年三月に成立したロシアの臨時政府はなお戦争継続の方針を取っていたため、捕虜たちの地位が敵国捕虜であることに変わりはなかった。しかし一一月(ロシア暦一〇月)にボリシェヴィキ政権が成立すると、新政権は講和を求めて中欧同盟側と交渉に入った。最終的には一九一八年三月のブレスト＝リトフスク条約により、捕虜の帰還も規定されるが、それより前から故国に近い地域に収容されていた捕虜たちは収容所を後にして帰国の途についていた。

ハプスブルク軍は対ロシア戦線が消滅した後もなお戦争が継続する中で、帰国してくる捕虜兵をいかにもう一度戦場に送り込むか、という課題に直面した。軍はまず国境地域に帰還兵の受け入れ施設を作り、帰還兵を収容し、虱の駆除を行い、診察を行った。そのあと帰還兵は二週間ほど検疫所に留め置かれて、そのあと査問を受けることになった。査問委員会は参謀将校と二人の将校、二人の下士官から構成され、敵方へ逃亡しようとした事実はなかったか、捕虜になった時の振る舞いに問題がなかったか、捕虜としての生活に問題がなかったかについて尋問が行われた。一九一八年三月までに四万人を超える帰還兵が査問を受け、そのうち七〇八名が不当な振る舞いがあったとして処罰された。問題なしと認められた帰還兵には休暇が与えられ、そのあとで原隊の後備部隊に編入されて再教育を受けることになった(3)。

帰還兵への尋問

ここで尋問の様子を垣間見てみよう。以下の史料はタルノポル(テルノピリ＝現・ウクライナ)の帰還兵受入所における尋問の記録である。尋問を受けたのはハンガリー国防軍第一七歩兵連隊小隊長ヘゲドュシュ・リヒター伍長だった。まず出生年、出生地、住所が特定された後で、釈明が行われた。ヘゲドュシュの場合は一八八八年にトルナメジェ(ドナウフェルト)で生まれ、住所はブダペシュトにあった。ヘゲドュシュは以下のように釈明を行った。

私は一九一六年七月一六日の早朝四時にコロニア・スクリンで捕らえられました。その時点で私はハンガリー国防軍第一七歩兵連隊第一大隊第一小隊長として任に当たっていました。中隊長はヤガディチ中尉、大隊長トライトラー大尉でした。連隊長は赴任したばかりだったので名前はわかりません。当連隊は第六一歩兵師団長ヴィンクラーの配下にありました。

一九一六年七月一五日、ロシア軍はコロニア・スクリンのわが陣営に朝八時から一二時まで集中砲火を浴びせました。砲撃のあとで左翼(北側)から攻撃してきましたが、私たちはそれに気が付いていませんでした。翌朝三時からは正面から攻撃してきました。ロシア軍は何波にも分けてしつこくわが陣営に攻撃を仕掛けてきました。背後からも攻撃を受けました。ロシア軍は夜半過ぎ左翼から攻撃して突破し、まず第二一ハンガリー国防軍行軍部隊を捕虜にし、後ろから襲ってきました。ここに至って退却することもままならず、わが陣地にいた兵士はすべて捕虜になりました。

私たちはロシア軍に集められ、ロヴナへ向かいました。そこで列車に載せられてキエフ近郊の集中キャンプ・ダルニッチャで降ろされました。キエフで個人データを取られた後ほかの連隊の兵士とともにザブトナッチャ収容所に向かいました。そこで私はムスマン男爵の所領で農業労働者として働きました。

一九一八年一月、ほかの捕虜たちと同じようにロシア国境を越えてオーストリアに向かうためムスマンの所領を後にしました。オデッサでボリシェヴィキに捕まり、幽閉されました。そこで買収に成功し、脱出することが出来ました。いったんザロラナックスまで戻ってからボリシェヴィキ、チェコスロヴァキア軍団の目を盗んで何とかエセルカージャまでたどりつきました。この町はすでにドイツ軍によって占領されていました。一九一八年三月一八日、私はほかの捕虜たちとともにロシア国境を越え、タルノポルの受入所に到着し、軍司令部に申告いたしました。ロシアで捕虜になっても尋問はありませんでした(4)。

この尋問が行われたのは一九一八年五月九日で、査問に対する返答もある程度様式化され、帰還兵の側では処罰を受けない釈明の仕方が共有されていたことが窺える。それでも、数年間の捕虜としての制約された生存を甘受し、やっとの思いで祖国に帰った帰還兵たちが受入所、特に査問で受けた屈辱は耐えがたいものだった。

この戦争が終わってハプスブルク帝国なきあと、現在のオーストリアの地域はオーストリア共和国を名乗ることになるが、そのオーストリア共和国でこの戦争に際して捕虜を経験した人たちは、オーストリア元捕虜全国協会を設立した。この協会はロシア語で捕虜を意味する雑誌『プレニイ』を発行して自分たちの捕虜としての経験の共有に努めた。一九三一年にはそれを集約する形で『敵の手に囚われて』を二巻本で刊行した。その刊行の言葉は、捕虜だった人たちが経験した疎外感を率直に示していた。

かつて捕虜だった者は二度目の「捕囚」を経験することになった。それは身体的な拘束ではなく、精神的、心理的拘束だった。つまり最初の捕囚は外地で経験するものだったが、二度目の経験は祖国で、そして自分たちの「経験」というものが歴史の中で鉄条網で人の目に触れないように封鎖されるのである。そしてそのあとに来るのは忘却という墓場である。(5)

その忘却に抗して出された『敵の手に囚われて』に寄稿した元捕虜エドヴァルト・シュトースは、外地と祖国の閾としての帰還兵受入所で感じた違和感を率直に語っている。シュトースは一九一八年四月二日、四人の捕虜仲間とロシア赤十字の看護師一人とともにロシアの収容所を脱し、ロシア赤衛軍のパトロール隊の狙撃もかわして、何とかドイツ軍の前進基地のあるオルシャ(ベラルーシ)にたどり着いた。そこでドイツ軍から大歓迎を受け、食事も提供された。そこから列車に乗って、ミンスクを過ぎてコヴィリ(ウクライナ)で初めてハプスブルク軍に遭遇し、ヴォロジミルヴォリンシク(ウクライナ)の受入所に収容された。

そこでチフスの患者が出たため、五週間留め置かれた。その間に虱の駆除が行われ、査問が行われた。直ちに厳しい軍事教練も課せられた。そうしている間に私たちが長い間留守にしている間に事態がすっかり変わってしまったことに気付かされた。私たちは故郷に帰ることになる時を思い描くこともできなかった。それなのに今ウィーンを目前にして喜びとともに不安が広がるのを禁じえなかった。しかも短い休暇を家族と過ごす前に、もう一度一四日間軍の幹部と過ごさなければならなかった。

もちろん私たちは多くの困難を乗り越えて故郷にたどり着いたことはうれしかった。しかし、人びとが私たちと接するときに示す不信に満ちた態度は信じがたいほどだった。命がけで脱出してきた帰還兵を迎える人たちの態度は侮辱的で腹のたつものだった。国家の殉教者として帰還兵たちは長い期間予想もできない事態に耐えなければならなかった。それなのに帰国してみると、銃後にいた人たちから疑いの目で見られ、意地悪をされ、あざけられる。その心の痛みはロシアにいるころと変わらないことを思い知らされる。自分たちが前線に向かったころそのままの故郷に帰りたいと長い間夢に見てきたのに、現実は幻滅であり、苦い思いがあるだけだった。(6)

カール・クラウスはこの帰還兵受入所で帰還兵たちが感じた不条理を次のように戯曲化している。それは帰還兵受入所の将校によって書かれた友人宛の手紙の形を取っている。

この収容所の外貌——けだしわれわれの悲惨の象徴そのもの——について言えば、ここでは同胞である帰還兵たちを、まるで野生の獣のように赤さびた鉄条網の中に追い込み、一方、抜身の銃剣をかかげた地獄の門番さながらの憲兵たちが、出入口や正面通路に立ちはだかっているのだ。この通路の大門には、ご丁寧にも旗と花環が飾り立てられ、きらびやかな飾り文字で《ご帰還お目出とう！》と記された額が掲げてある。これら幾多の痛ましく、殆んど感動的とも言えるほどの愚劣の中へと、この世界大戦の芥にまみれたままヨーロッパ諸国が、なかんずくわが国がどっぷり浸り込んでいる次第が呑みこめるというものだ。そして外に立つと——つまり鉄条網の外だが——これら全ては笑いをもって見るしかないかもしれない。——とまれ、帰還兵が国境に来ては廻れ右をし、むしろ混乱のロシアの方へ逃げ戻りたがる今は(7)——。

三　反乱する帰還兵(ユーデンブルク)

受入所での屈辱感を引きずりながら休暇を終え、後備部隊に復帰し、教練を受けた帰還兵たちは、もう一度実戦用の武器が配られ、前線に出る日が近いことが知らされると相次いで反乱を起こしていった。ここではその一つ、ユーデンブルクの反乱を詳しく見てみよう。

オーストリア南部のシュタイアーマルク州の州都グラーツ近郊のユーデンブルク駐屯の共通陸軍第一七歩兵連隊後備大隊には一九一八年四月初めからロシアで捕虜だった帰還兵一三一人(スロヴェニア系が多い)が編入されていた。彼らの規律は当初から緩んでいたが、休暇期間が短かったことへの不満が強く、しかも休暇で帰った故郷で帰還兵たちが見たものは、家族の悲惨で困窮した生活だった。食糧事情の悪化がこれに加わった。一九一七年一二月二六日以来、一人一日当たりのパンの配給は四二〇グラムから三五〇グラムに減らされていたが、五月九日には二五〇グラムにまで引き下げられた。しかもこの措置は五月初めにさかのぼって実施されたため、五月九日に兵士が入手したパンは一人五〇グラムにすぎなかった。兵士たちは兵営周辺の住民に物乞いに行く有り様だった。しかも五月六日には新たに武器・弾薬が兵士たちに配られており、新たな出撃が予想され、兵士たちは心理的に追い込まれていた。一日一日が銃後で暮らす最後の日になる可能性があった。兵士たちはこの心理的圧迫から逃れるため、飲んで大騒ぎをするのが常だった。特に五月六日から始まった皇帝週間では兵士たちの酒量が上がっていたが、その最終日の五月一二日夜一〇時に反乱は始まった。一人の伍長が兵士に呼びかけた。「家に帰ろう。それはわれわれのためだけではなく、前線で戦っている仲間たちのためでもある。戦争は終わらせなければならない。立て、スロヴェニア人よ、兵舎を出よ」。アルコールの勢いも手伝って、兵士たちは酒保（軍人用の日用品を置いている売店）を襲い、ドイツ皇帝ヴィルヘルムとドイツ参謀長ヒンデンブルクの肖像画をはがして踏みつけた。彼らは「スロヴェニア万歳、第一七連隊万歳」を唱えて街頭に繰り出し、町の中央にあった機関銃隊の兵舎を襲った。しかし機関銃隊の反撃にあって反乱兵士たちは鉄道駅と教会を襲った。

反乱の経過——ユーデンブルク市議会一九一八年五月三一日の報告から

若干の疑問がないわけではないが、五月一二日夜一〇時に木造兵営で反乱が始まったと言える。一〇時半過ぎには反乱兵士は木造兵営から銃声をとどろかせながらヘレンガッセ、ブルクガッセを通って市内に向かった。中央広場では二人の少尉の指揮下、武装した五〇人の兵士がイエズス会兵舎を出て迎え撃ったが、二人の指揮官が負傷すると、武器弾薬の不足もあってなすすべがなかった。ヘレンガッセでは機関銃隊が威嚇射撃を行ったが、その後実射に移った。しかし下士官からなる機関銃隊は一人が死亡し、一人が重傷を負うと、ここでも武器弾薬の不足から沈黙せざるを得なかった。〔中略〕一一時には反乱兵士はイエズス会兵営に侵入し、居合わせた将校が逃亡すると、営倉にいた拘留されていた兵士を解放した。そこにいた兵士は一部が反乱に加わり、一部が逃亡した。その間別の反乱部隊は駅舎を襲い、そこを占拠して、電話を破壊し、駅の金庫

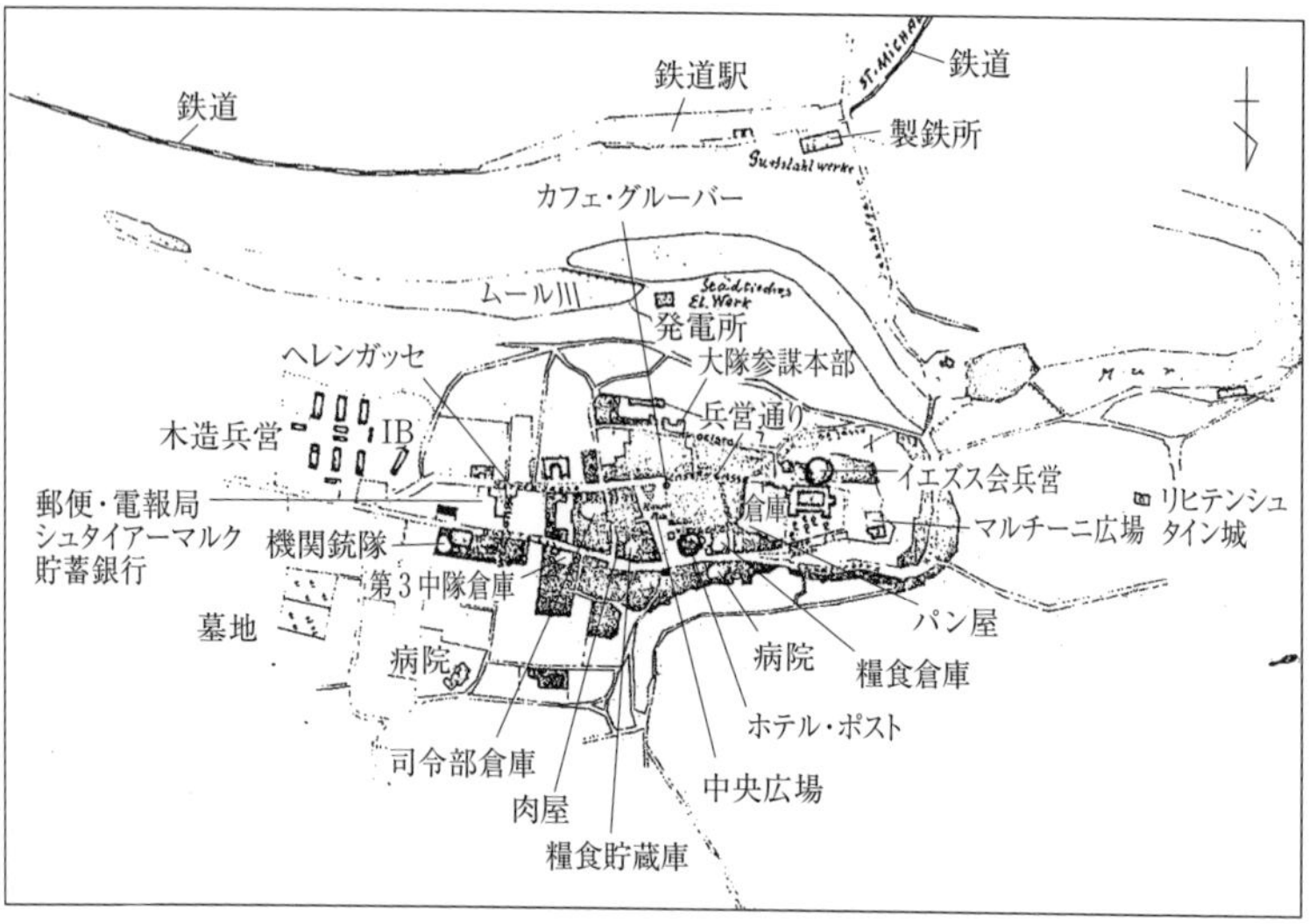

図 4-2　ユーデンブルク反乱関係図

出典：Otto Wassermair, *Die Meutereien der Heimkehrer aus russischer Kriegsgefangenschaft bei der Ersatzkörpern der k. u. k. Armee im Jahre 1918*. Phil. Diss., Wien, 1968.

に向かった。一方駅長は命がけで倉庫にあった電話を使って、列車を止め、軍当局に急を知らせた。〔中略〕一二時過ぎ、反乱兵士たちは兵営の食糧庫を襲ってパンや小麦粉を略奪し、また労働者たちの居住地に向かい、「配給券なしでもパン、小麦粉、タバコを」と叫び、略奪に加わるよう呼び掛けた。それに応えて、一時過ぎには労働者の女性たちや子供たちが略奪に加わった。〔中略〕反乱兵の一部は教区教会を襲い、一人の叙任司祭は銃声と騒ぎに驚いて地下室の一部を解放し、反乱兵士たちは静かになった。[8]

一三日早朝まで略奪を繰り返したあとで反乱兵たちは町を離れて周辺の森

に隠れた。この日の一二時過ぎにグラーツから治安部隊が到着し、五〇〇人の反乱兵が拘束され、一五日に始まった軍法会議では反乱側は一六人が責任を問われ、七人に死刑の判決が下された(一人は一〇年の禁固に減刑)。

図4-3　イエズス会兵営の跡地(著者撮影2016年9月15日)

反乱の原因

この反乱の軍法会議を指揮したコーゼル少将は、この反乱を以下のように総括した。

ユーデンブルクの反乱は自然発生的で周到に準備されたものではなかった。反乱者は扇動者に煽られて、日頃の鬱憤を晴らそうとしたもので、長く準備された組織的なものではなかった。日頃の不満の背景にはより本質的な三つの問題があった。一つは民族的な熱情であり、一つは帰還兵が抱いていたボリシェヴィキ・イデオロギーへの共感であり、一つが国家権力への尊敬の念の喪失だった(9)。

四　反乱する帰還兵（ラートカースブルク）

ラートカースブルクはユーデンブルクと同じムール川沿いにあって、ユーデンブルクからグラーツを経て、さらに東に向かい、ハンガリー王国との境界にあった。ラートカースブルクはムール川の左岸にあったが、現在ではムール川を挟んだ対岸はスロヴェニア領になっている。町の中央は、ほぼ真東から真西に向かって長方形の広場になっていて、そこには市役所があって、高さ四九・三メートルの時計台が人目を引いた。この中央広場の西側にコドリッチ兵営があり、ここに駐屯していた第九七歩兵連隊（スロヴェニア語＝四五％、クロアチア語＝一七％、イタリア語＝一〇％）の兵士たちが反乱を起こすことになる。そしてこの中央広場のほぼ真中に存在した武器庫と西南の角にあった郵便局が反乱兵士たちの標的になった。

一九三一年に出版された郷土史『ラートカースブルク』の著者は兵士の反乱を次のように書いている。「戦時の困窮はますますひどくなっていた。特に兵士にとって耐え難いものだった。ついには食事がカブのスープだけになってしまった。やせ衰えて飢えた兵士たちが家々を回って物乞いに歩いたことも宜なるかなであった。しかし来られた方も困ってしまった。渡せるものがないのである。飢えに疲れ、不満を募らせた兵士の間には次第に怒りが充満してきた。そこに政治的な動機が作用する可能性が生じた。この部隊の中では南スラヴ運動が語られるようになっていった。一九一八年五月、兵士たちは反乱を起こした(10)」。

五月二三日夕刻、第九七歩兵連隊後備部隊の兵士たちが居酒屋でスロヴェニア語の歌を大声で歌いスロヴェニア語でバンザイを叫んでいた。憲兵隊の軍曹ジャドコヴィッチが兵士たちに居酒屋を出るように命じると兵士たちはおとなしく出て行った。ところがその後ジャドコヴィッチ軍曹は別の居酒屋にもっと多くの兵士が集まっているところを見つけた。彼らはもっと興奮していて、緊急出動部隊の隊長メリヘンが演説して、民族的な利害に即して、反国家の方向で行動するよう呼びかけていた。これら兵士が宿営していたコドリッチ兵営では緊急出動部隊の隊員が一致して叫び声をあげながら兵営中庭に集合し、実弾を空に向けて発射した。

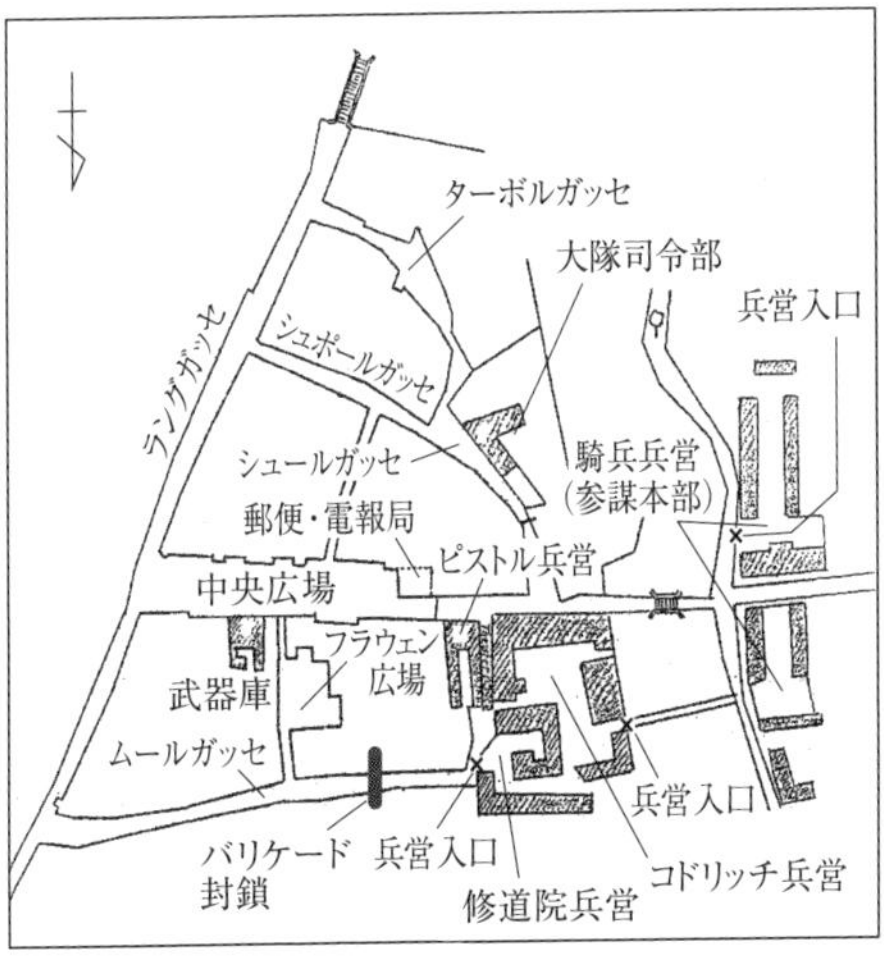

図 4-4　ラートカースブルク反乱関連地図
出典：前掲図 4-2 と同.

帰宅途中の将校の中の数名はこの騒ぎに気が付いて中央広場に向かった。彼らは他の将校、連隊司令部、機関銃隊との連絡を急いだ。同時に中央広場に面した郵便局からシュタイアーマルクの州都グラーツの軍管区司令部に電話して事態を知らせ、治安部隊の出動を要請した。コドリッチ兵営の兵士たちはバンザイを叫びながら中央広場に向かった。中央広場の入口に陣取った将校と憲兵はピストルで威嚇し、反乱兵たちは「ボリシェヴィキ万歳」、「くたばれオーストリア」、「共和制万歳」を連呼しながら一旦中央広場に並行するムールガッセに向かい、そこから迂回する形で中央広場を目指した。一〇時半になって第三後備大隊から八〇名が駆けつけて将校側に立って反乱兵士に向かって発砲した。反乱兵士たちは兵舎に戻って、その二階から射撃や投石を繰り返した。またその一部は再び中央広場に向かい、郵便局を目指した。

早朝四時になってやっと機関銃隊が中央広場に向かう道路を封鎖し、夜明けとともに機関銃隊は反乱兵士に一斉射撃を浴びせ、三〇分ほどで中央広場は制圧され、反乱兵士の拠点のコドリッチ兵営の制圧に向かった。ここでも機関銃隊の掩護のもとで第三後備大隊の兵士が突入し、反乱兵士は抵抗することなく投降した。反乱兵士と鎮圧する側との銃撃戦の結果、軍の側では五名が死亡し、六名が負傷した。反乱側では三名が死亡し、二人が負傷した。

軍当局は来るべき軍法会議に備えて司法官を派遣してこの反乱の原因について五月二四日の午後には事情聴取を行い、次のように結論付けた。まず反乱の原因について、その裏づけになるような証拠は残されていないことを前提とした上で、口火を切った緊急出動部隊の隊員が圧倒的に帰還兵から構成されていたことを挙げている。反乱兵士への軍法会議で有罪になった者の多くが帰還兵であったこと、居酒屋で政治的な発言をしていたのが帰還兵の伍長であったこともこの見方を補強していると考えられた。

ラートカースブルクの場合スロヴェニア民族主義が一定の役割を果したことは見て取れるが、他の地域で起きている帰還兵の反乱との連携は立証できないとし、この点に関しては否定的に見ていた。結局一〇人が反乱の指導者として軍法会議に掛けられ、そのうち八人が銃殺刑に処された。(11)

五　青野原捕虜収容所への波紋

ハプスブルク帝国本国における兵士の反乱は、遠く青野原収容所にも微妙な影を投げかけることになった。一九一八年七月、青野原収容所長宮本秀一は、収容所で不穏な動きがあったのではないかという問合せに以下のように回答した。

七月十日夜八時過ぎ、一墺国俘虜（チェック族）日直士官の許に来たり。今夜或いはクロアテン及びチェック族に属する俘虜と他俘虜との間に不穏の事件発生するやも図り難きに付、警戒せられ度旨密告し来たりたるを以て日直士官は所内を巡視したるに何等の変兆を認めず。各俘虜は平常の如く散歩をなしおりしもただ第八班（墺国人収容棟）北側に約二、三十名の俘虜集団しあるを見、別に争闘の状況なかりしと雖《いえど》も不穏と認め解散せしむ。

午後九時日夕点呼の際、墺洪国俘虜中約四十名のみ不在なるを発見し、直ちに捜索に着手せしに、時恰《あたか》も衛兵より該俘虜等衛兵所に集合せることを報告し来たりたるを以て、之に赴きたるに、チェック族及びクロアテン族に属する墺洪国俘虜約四十名集合しありしを以て、その理由を尋問したるに、我らは本夜必ず他俘虜より圧迫を受くべく予想せらるるに依り、保護を求めんが為なりと申し述べたり。仍《よ》って日直士官は彼らを諭示するとともに又一般俘虜に対し、不穏の挙動なき様厳達し、さらに人員点呼を施行し警戒厳にして就寝せしめたり。

確かに七月一〇日夜にクロアチア人の本国での反乱が原因で不穏な動きがあったが、大事には至らなかったことが報告されている。その上でこの事件の背後にあった本国の情勢を次のように分析している。「墺洪国人中クロアテン及びチェック族に属するものは、故国において相反目し来れり。したがって当所収容中の該人種に属する俘虜もまた他俘虜より圧迫せらるるの景況なり」。ただし青野原収容所では新聞、通信の検閲を厳しくしているのでそのような情勢が捕虜たちに伝わるはずはなく、日常の不和や個人的感情が原因ではないか、と結論付けている。[12]

(1) Richard Georg Plaschka/Horst Haselsteiner/Arnold Suppan, *Innere Front. Militärassistenz, Widerstand und Umsturz in der Donaumonarchie 1918*（以下 *Innere Front* と略）, Bd. 1, Wien: Verlag für Geschichte und Politik, 1974, SS. 9–10, 393–400.

(2) *Innere Front*, Bd. 1, SS. 17–44.

(3) *Innere Front*, Bd. 1, SS. 251ff.

(4) ÖStA, KA, K. k. Ministerium für Landesverteidigung, Sonderreihe, Karton Nr. 123, Z. 1156, Rechtsfertigungsverfahren der Heimkehrer.

(5) Bundesvereinigung der ehemaligen österreichischen Kriegsgefangenen (Hg.), *In Feindeshand. Die Gefangenschaft im Weltkriege in Einzeldarstellungen*（以下 *In Feindeshand* と略）, Bd. 1, Wien, 1931, S. 10.

(6) *In Feindeshand*, S. 342.

(7) カール・クラウス『カール・クラウス著作集10　人類最後の日々』下巻、池内紀訳、法政大学出版局、一九七一年、二〇八―二〇九頁。

(8) Steiermarkisches Landesarchiv, Bericht über die Vorgänge des 12. und 13. Mai 1918, erstattet in der Gem. R-Sitzung vom 31. Mai 1918.

（9）Johann Andritsch, *Die Meuterei in Judenburg im Mai 1918*, SS. 72-73.

（10）Heinrich Lechner, *Radkersburg. Ein Heimatbuch*, Graz, 1931, S. 47.

（11）"Meutreifälle in Radkersburg. Entsendung eines Verhandlungsleiters," ÖStA, KA, 4. A. 51-11/6 1918.

（12）防衛省防衛研究所「俘虜間ニオケル反目状態ニ関スル件回答」「欧受大日記」大正七年（一九一八年）七月。JACAR（アジア歴史資料センター）Ref. C03024940000.

第5章 さまよえるハプスブルク

シベリアで列車の警戒に当たるイタリア兵士
出典：*Soldaten zwischen zwei Uniformen*, S. 195.

一　チェコスロヴァキア軍団という伏兵

一九一七年三月にロシアで革命(二月革命＝ロシア暦)が起き、ロシア帝政は崩壊したが、ロシア臨時政府はなお戦争継続の方針を採っていた。大戦の勃発とともにハプスブルク帝国を離れ、亡命生活を送りながらチェコスロヴァキア国家形成に努力していたT・G・マサリク、E・ベネシュはロシア臨時政府との良好な関係を利用して、ハプスブルク兵捕虜の中のチェコ系、スロヴァキア系の人々から募ってチェコスロヴァキア軍団を形成した。ハプスブルク帝国軍兵士であることをやめ、新生国家チェコスロヴァキアのために協商国側で戦うことを決めた彼らは当初、なお続く戦争の中で、ロシアにおける対ドイツ戦線でかつての同胞と対峙するはずだった。しかし、この年一一月にロシア一〇月革命(ロシア暦一〇月)が起こると、情勢は微妙に変化することになる。この革命で政権に就いたボリシェヴィキは講和を目指してドイツなど中欧同盟側と交渉を開始した。それはロシアとドイツとの間の戦線の消滅を意味していた。主にヨーロッパ・ロシア部に収容されていた捕虜を中心としたチェコスロヴァキア軍団は、今度はフランスの対ドイツ戦線で戦うため、シベリア鉄道を東に向かって移動を始めた。ウラジオストックから海路アメリカ合衆国を経由してフランス・ドイツ戦線へ向かう予定だった。

一九一八年三月にはロシアとオーストリアの間で締結された講和条約で捕虜の帰還についても合意が成立した。シベリアの収容所にいたドイツ系、ハンガリー系を主とする捕虜たちが故国を目指してシベリア鉄道を西に向かった。一八年五月一四日、シベリア鉄道を東に向かうチェコスロヴァキア軍団はウラル山脈を越えた最初の駅チェリャビンスク構内で西に向かうハプスブルク帰還兵と交差した。この時、偶発事件をきっかけに、チェコスロヴァキア軍団とハンガリー系帰還兵との間で紛争が生じ、この地のソヴィエト(評議会)が割って入り、軍団員を逮捕した。それに怒った軍団員が逮捕された軍団員を奪い返したことから、争いはチェコスロヴァキア軍団対ボルシェヴィキ軍の戦いへとエスカレートした。シベリア鉄道要部はチェコスロヴァキア軍団の支配するところとなり、行き場を失った帰還捕虜たちは路頭に迷うことになる。一方そのチェコスロヴァキア軍団を救出することを理由にしてアメリカ合衆国と日本はシベリアに兵を送ることになった。

日本政府は八月二日、シベリアへの派兵を告示した。

「帝国政府は露国ならびに露国人民に対する旧来の隣誼を重んじ、露国の速やかに秩序を回復して健全なる発達を遂げんことを衷心切望して止まざるところなり。しかるに近時露国の政情著しく混乱に陥り、復《ま》た外迫を捍禦《かんぎょ》するのなきに乗じ、中欧諸国はこれに圧迫を加うることいよいよはなはだしく、その威圧遠く極東露領に浸漸《しんぜん》して、現に「チェックスローヴァク」軍の東進を阻碍《そがい》し、その軍隊中に多数の独墺俘虜混入し、実際においてその指揮権を掌握するの事跡顕然たるものあり」。

要するに革命ロシアの軍隊には多くのドイツ、オーストリア捕虜兵がいて、チェコスロヴァキア軍団がウラジオストックに向かうのを妨げているのだから、「今や連合列強は同軍がシベリア方面において独墺俘虜のため著しく迫害を被るの報に接し、空しく拱手傍観《きょうしゅぼうかん》すること能わず。業《すで》に已《すで》にその兵員を浦潮《ウラジオ》に派遣したり。合衆国政府もまた同くその危急を認め、帝国政府に提議し、まず速《すみやか》に救援の

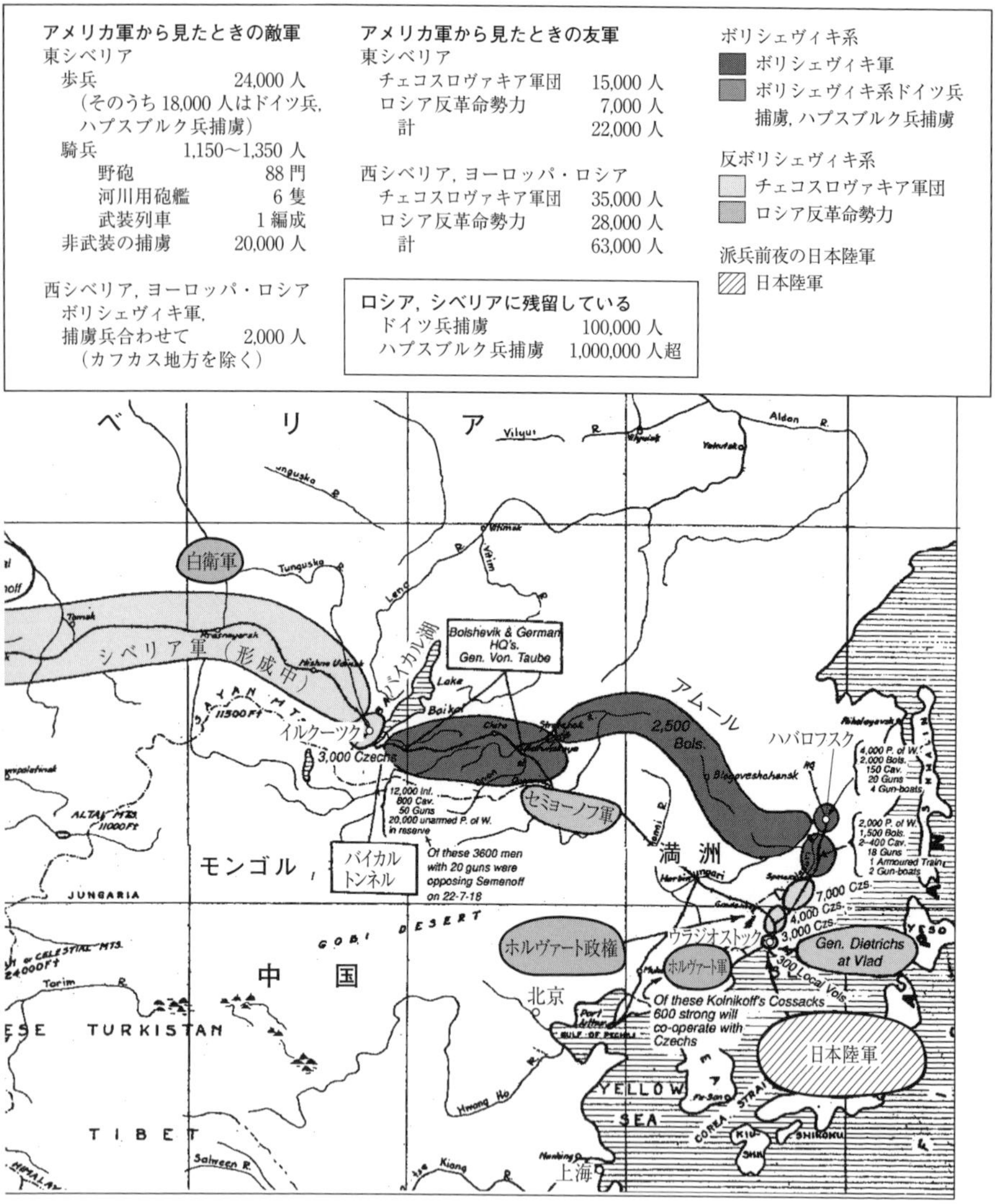

Betty Miller Unterberger, *The United States, Revolutionary Russia, and the Rise of Czechoslovakia*, Chapel Hill/London: Univ. of North Carolina Press, 1989 をもとに著者作成.

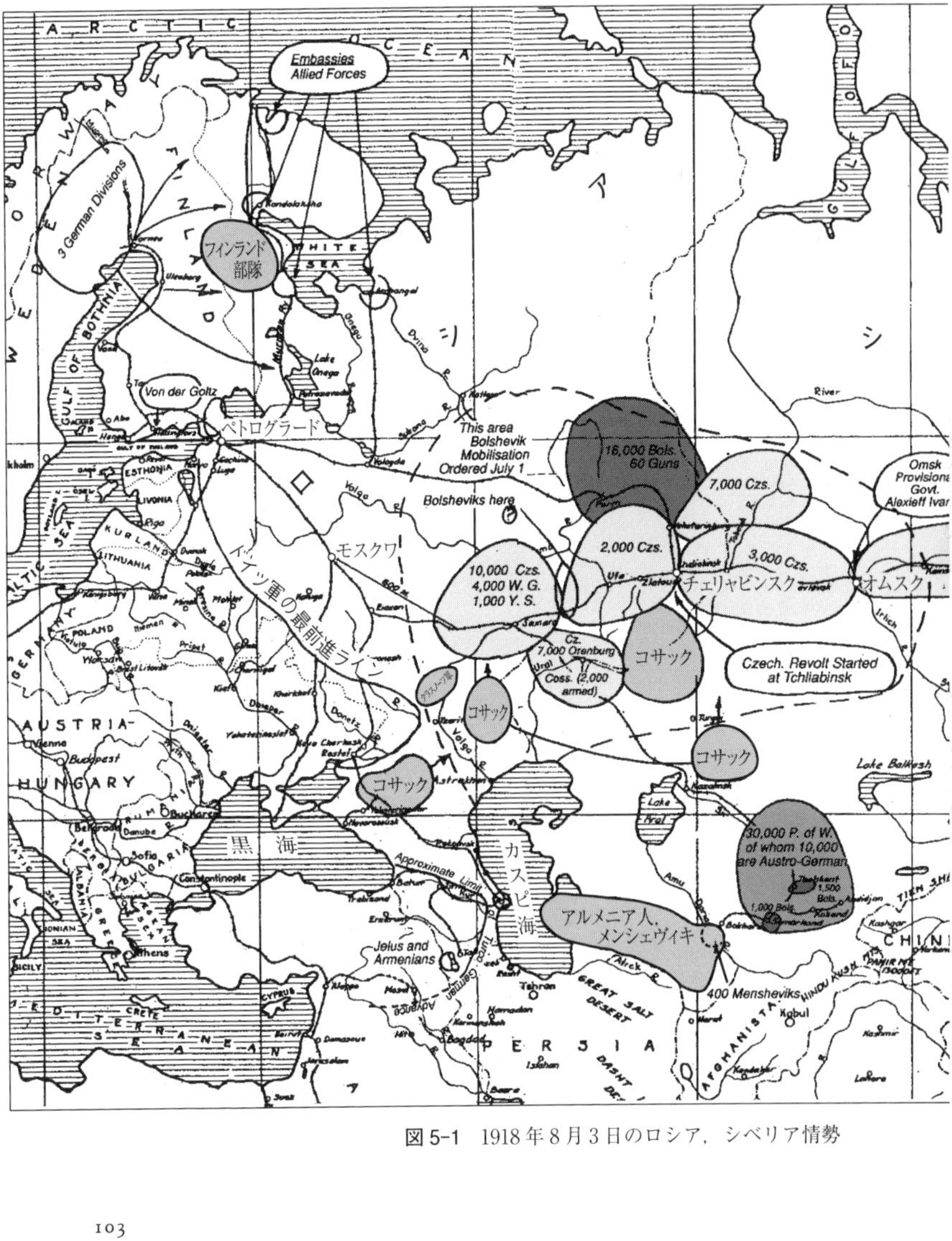

図 5-1　1918 年 8 月 3 日のロシア，シベリア情勢

軍隊を派遣せんことを以てせり」。したがって日本も「合衆国政府の提議に応じて、その友好に報い、かつ今次派兵において連合列強に対して歩武を斉《ととの》うして履信の実を挙ぐるため、速やかに軍旅を整備し、まずこれを浦潮に発遣せんとす」として、シベリアへの派兵を正当化した(1)。相前後してフランス、イギリス、アメリカ合衆国、中国も派兵し、シベリアはボリシェヴィキ軍と協商諸国軍、ロシア反革命諸派とが凄惨な戦いを展開する戦場となった。

二　捕虜たちの窮状

帝政ロシアとハプスブルク帝国との戦争で捕虜になったハプスブルク軍兵士、将校は二二〇万人ほどと考えられている。彼らはヨーロッパ・ロシア、中央アジア、シベリアに設置された捕虜収容所に収容されていた。ただし捕虜兵の多くは労働に従事していたため、本来帰属する収容所ではなく労働の現場に近い仮の収容所で生活する場合もあった。彼らの状況はロシアで起きた二度の革命でその位置づけが微妙に変わることになった。一九一八年三月にブレスト＝リトフスクでドイツ、オーストリア＝ハンガリーとソヴィエト政権との間で講和が成立すると、その条件の中には相互の捕虜の帰還促進が盛り込まれることになった。その状況の中で傷病兵を優先させながら、ともかくも捕虜の帰還が始まった。しかし五月に始まったチェコスロヴァキア軍団とボリシェヴィキとの紛争は、正に帰還のための手段としてのシベリア鉄道の運行を困難にすることになった。この紛争はやがてロシアの反ボリシェヴィキ勢力も加わって内戦化することになった。行き場を失ったハプスブルク捕虜兵、捕虜将校は収容所に留まるしかなかった。ロシア帝政下で捕虜になったという意味での「敵軍」ドイツ・ハプスブルク帝国の兵士および将校は、ボリシェヴィキ勢力あるいは反ボリシェヴィキ勢力の管理下に置かれることになった。完全な無秩序ではないが、それなりに落ち着いていた帝政下の収容所よりもう一段厳しい状況が生じていた。しかも、それまで彼らの救援活動の主要な担い手であったアメリカ合衆国は一九一七年四月に協商諸国側で参戦しており、救援活動は著しく困難な状況になった。その中で彼らが頼ったのがスウェーデンとデンマークという二つの中立国の赤十字であった。イルクーツク、オムスクに在ったこの二つの国の赤十字には、彼らの窮状を訴える書簡が相次いで寄せられた。ここではそのいくつかを紹介しながらシベリアに残留した捕虜たちの苦境を見てみよう。

赤十字に届けられた書簡より

〈カンスク収容所①〉

まず取り上げるのは、シベリア鉄道がチェコスロヴァキア軍団の支配下に入ったため、帰還の途上で行く手を阻まれ、近くの収容所に収容された人々の訴えである。

「本年〔一九一八年〕五月二六日、オーストリア＝ハンガリー陸軍の私たち九人の将校は当時のイルクーツク政府の人民委員会の傷病兵証明書を得て、急行列車の二等車に乗って故国への旅を始めた。ところがニジネウディンスクで当地に駐屯していたチェコスロヴァキア軍の司令官によって列車は止められ、当地〔カンスク〕の捕虜収容所に収容された。その時に列車の車掌はモスクワまで有効の乗車券を返してくれたが、彼もチェコスロヴァキア軍団の司令官もお金を返してくれるかどうかは明確にしていない」。「モスクワまでの乗車券は一七三ルーブルした。イルクーツクからニジネウディンスクまでの乗車賃はたかが知れている。だから残額はこの厳しい状況に置かれたわれわれにとって、ひと財産である。そのためデンマーク領事には衷心よりお願いする次第である。ここで挙げた、またそれに関係する当局が適切な措置を取って、出来るだけ早く問題となっている金額が返却されるように、ご尽力いただきたい」(2)。

この九人の将校が移送途中で下車して収容されたカンスク収容所はクラスノヤルスクの東に位置していた。ここに収容されていた捕虜たちは、最も近いイルクーツクにあった中立国デンマークの副領事宛に捕虜たちの窮状を訴え、救援を求めた。そこにはもともとハプスブルク軍の一員として戦闘に加わり、ロシア軍の捕虜になった人たちから形成されたチェコスロヴァキア軍団(協商国側となった)とあくまでも捕虜として収容所に留まっている者(中欧同盟側のまま)との微妙な関係があったことが読み取れる。

〈カンスク収容所②〉

「本年(一九一八年)八月三〇日、チェコ人のパトロール隊が将校の捕虜用建物入り口にやってきて、ヨーゼフ・ヴァイスコップフ士官候補生を呼び出した。二言三言言葉を交わした後でヴァイスコップフ士官候補生は共通陸軍第二四歩兵連隊に属するオスカール・レーヴィを呼んだ。レーヴィはヴァイスコップフと親せきだった(3)。そのあとチェコスロヴァキア軍団のパトロール隊長とヴァイスコップフとの間で交わされた会話についてはほとんどだれも理解することができなかったが、パトロール隊長はヴァイスコップフがカバンから許可証を取り出すと、その証明書を取り上げ、顔面にパンチを食らわせた。共通陸軍第四〇歩兵連隊のエミール・ヘルリッヒ少尉が二人の会話から聞き取れた範囲で言えば、チェコのパトロール隊の隊長がヴァイスコップフに〔チェコ軍団への〕召集令を示したのに対し、ヴァイスコップフはその召集令はロシア側の収容所司令の知るところであるかどうか聞き、ロシアの収容所長による許可書の提示を求めたところ、パトロール隊長のパンチに見舞われた、ということだった。サライ少尉の言によれば、その時パトロール隊長は「この馬鹿野郎」とチェコ語で言ったということだった。このあとヴァイスコップフとレーヴィはチェコのパトロール隊に連行された(4)」。

〈ベレソフカ将校用収容所〉

また特に捕虜将校にとっては階級を否定するボリシェヴィキ勢力を担う赤衛軍との緊張関係があったことが見て取れる。ベレソフカの将校用収容所の報告である。

「昨日一九一八年六月一六日、午後一時ころ一〇名からなる赤衛軍兵士（武装している者もいれば、武装していない者もいた）が突然現れ、将校用収容棟に入ってきた。そして全ての将校と将補の降格を行った。そして階級章を外すように命じた。抵抗したものには暴力を用いて階級章を外させた。第四収容棟では一人の赤衛隊員がすぐに帽子を取らなかった将補に対して剣を突きつけた。第二収容棟ではドレンスキ大尉が入ってきた赤衛隊員に対して来訪許可書の提示を求め、それがなければ部屋を出るように言った。それに対してサーベルを持った赤衛隊長はドレンスキの顔に平手打ちを食らわせようとしたが、ドレンスキがかわしたので頭をかすめただけだった(5)」。

またシベリアの収容所に残留した捕虜たちが直面した窮状を以下の書簡はよく示している。一つはアチンスク収容所からオムスクのスェーデン赤十字捕虜救援委員会に宛てた書簡である。

〈アチンスク収容所〉

「この収容所に収容されている捕虜たちはこの数か月で考えられる限りで最低の状況にある。故国や捕虜の救援機関とのいかなる連絡手段も途絶え、まさに人間の尊厳を賭けて生きながらえているにすぎない。

収容状況は極めて劣悪である。捕虜兵の多くは土を掘っただけの急造バラックに収容され、上を覆っている屋根は素朴なものでしかない。ただここで利用に供されるはずの宿舎は豊富にあるし、捕虜を合理的に収容することは可能なはずである〔が、内戦状態のためうまくいっていない〕。収容施設の照明はそのために必要な措置が取られていない。そのことはあまり考慮されていないが、秋から冬にかけての季節には照明施設がない居住空間というのは常軌を逸している。必要最小限の灯油でもわずかなロウソクでも手に入れることは至難の業である。

食事は単調である。量的にもとても足りるものではない。特に捕虜兵の場合にそのことは顕著である。しかも消化の悪いものが多い。そば粉、ふすまが多く含まれている黒パン、ジャガイモ、キャベツである。特に病人やけが人がここではたくさんいて、少なくとも八〇〇人に達するが、彼らにも同じものが出されるので食べられないか、食べても症状が悪化することになる。こうして食料が不足して、それにふさわしい食事になっていないので多くの捕虜がひどい栄養失調に悩み、その結果抵抗力も弱まって、結核などの病気に罹《かか》りやすくなっている。その上捕虜特有の心理状態も加わって状況の悪化に拍車をかけている。

衛生状態も全般的にとてもいいとは言えない状態である。収容所の病院の患者数が増えているだけでなく、病院で診察を受けるほどではないが病気であるという人が増えている。飲料水の質が悪い。煮沸しないと飲めない。捕虜の飲用井戸は汚物溜めのすぐ近くにある」(6)。

〈カンスク収容所③〉

もう一つ、カンスク捕虜収容所から在イルクーツク・デンマーク副領事に宛てた書簡も紹介してみよう。

「一九一八年八月二六日、捕虜司令を通じて宿営司令の命令が伝えられた。それによればハプスブルク軍の将校で捕虜になっている者は全て、石造りの収容棟を引き渡し、土掘小屋に移るように、というものだった。その理由として挙げられていたのは、新たに召集された〔内戦に必要な〕新兵を収容するため、ということだった。それまで捕虜将校は、捕虜兵士用の石造りの収容棟と靴工、縫製工などロシア軍に利用価値のあった捕虜兵用の石造りの建物に居住していた」。

ところがその居住空間を引き渡して、土掘小屋に移るように命じられた。それに対しての苦情を次のように述べている。

「土掘小屋はソヴィエト側が支配していた今年の四月にも捕虜たちが収容されるはずであった。それに対して私が指摘したのは土掘小屋にはいつも三〇センチの水が溜まっていて人が住めるものではない、ということだった。カンスク市ソヴィエトはこの要求を取り下げた。そうして私の勧めに応じてロシア（反革命）側からと捕虜側から成る衛生委員会が会合を開き、土掘小屋を視察し、土掘小屋はどれも湿気が多すぎて採光も悪く、空気も希薄であることを確認した。夜の冷え込みも厳しく、将校にふさわしい業務には不向きである」。

「土掘小屋は湿気が高いので朽ちかけた板壁はところどころカビや木材を腐らせる涙茸《ナミダタケ》が生えている。それに屋根もところどころ穴の開いた薄い土壁でできているので雨でも降れば室内は水浸しになる。土掘小屋はたいてい地面から一・五メートルくらい下がっているので水を掻き出すこともできない。室内の水は水たまりに集めて、地下に染み込むか、蒸発するのを待つしかない」。

「ここのオーストリア＝ハンガリー将校の捕虜のうち三〇〇人はかつてのダウリア収容所にいて傷病者移送中であった者たちなのでそのうち一五九人は傷病者と認められる。ニシュニ・ヴォリンスキ収容所からの一三七人の将校ではそのうち三〇人が戦傷を負っている。また帰還の途中で止められたものがこれに加わってこの地の捕虜将校を構成している。そのうち半数は四〇歳を過ぎていて、四分の三の人が捕虜になって四年以上が経過している。たいていの人は胃腸の病気を抱えているし、リューマチに悩まされている人もいれば、神経を病んでいる人もいる。心臓や肺の機能に問題がある人もいる。この数か月の間食糧が十分に行き渡らず、とくに脂肪分の不足と栄養失調によって病気はひどくなっている。今回の土掘小屋への移動は特に胃腸病を抱えている人に堪え難いものである」[7]。

この書簡はカンスク捕虜収容所に収容されたオーストリア＝ハンガリー将校でランクが最も高い人物が、イルクーツクのデンマーク副領事に宛てて、捕虜将校の置かれた厳しい状況を伝え、ロシアの当局（この場合で言えば反ボリシェヴィキ勢力）に働きかけて、土掘小屋から石造りの収容棟に戻してほしいと訴えている。

この書簡が出されたのが一九一八年九月、正にその一月前には、ドイツ、オーストリア＝ハンガリー捕虜がボリシェヴィキ勢力を主導して、チェコスロヴァキア軍団の東進を阻害していることを理由としてアメリカ合衆国、日本など協商諸国が共同でシベリアに兵を送り込み、シベリアの内戦は国際化していた。この厳しい状況の中で、収容所に留まるのも楽ではなかったが、脱出することを選んだものたちにも苛酷な運命が待っていた。

三　救援委員会、打つ手なし——中国とアメリカ合衆国の参戦

中立国としての中国に置かれたハプスブルク帝国公館は、ユーラシア捕虜収容所群島に応対する最前線基地として機能していた。中立国としてのアメリカ合衆国の協力を得ながら、ハプスブルク帝国公館はシベリアに大量に存在する捕虜、民間人抑留者の救援、脱走捕虜の救援に一定の役割を果たすことができた（第3章参照）。しかし一九一七年はその構造に大きな転換を迫ることになった。一七年三月にはロシアで革命が起こり、収容所秩序が崩壊する中で、二〇〇万人を超えるハプスブルク兵捕虜たちが好むと好まざるとにかかわらず、動き出すことになるのである。他方では、それまで天津救援委員会の活動を支えていたアメリカ合衆国が協商諸国側で参戦し、八月には中国も協商諸国側で参戦すると天津の救援委員会は打つ手に窮することになった。その事情を救援委員会は次のように報告

している。「アメリカが中欧同盟に対する戦争に加わり、ここ中国で活動するわれわれ自身が「敵国」の中に置かれているという状況の中で、財政状態は悪化せざるを得ない。在アメリカ同胞は、われわれの活動に送金することができなくなってしまったし、東アジアに居住している同胞は彼ら自身困窮している。しかもお金、食糧、衣類どれをとっても援助を求める声は日増しに高まっている。ハバロフスクからアルハンゲリスクにいたるあらゆるところから、救援委員会の委員や医師だけでなくスウェーデン、デンマークの赤十字委員に宛てて、手紙や電報で「金送れ」の要請が相次いでいる」。

しかも、天津、北京のハプスブルク帝国の分遣隊の兵士自身敵国兵として抑留されることになる。一九一七年八月一四日早朝、その日も在北京オーストリア゠ハンガリー公使館では通常の軍事教練が行われた。九時になって三人のオランダ兵が小銃と銃剣で武装して門のところに現れた。前腕にはオランダの国旗が巻かれていた。門衛は驚いてこの状況を見ていた。彼には事情がよく呑み込めなかった。公使館の領事がそこにやってきて、指揮官も加わった。領事がオーストリア゠ハンガリー駐北京公使の命令を伝えた。

「中国政府は本日一〇時をもってオーストリアとの外交関係を断ち、午後にもオーストリアに対して宣戦布告を行うことになっている。中国政府は協商諸国にそそのかされて、わが軍の駐屯地を接収し、あるいは協商諸国に引き渡すことも考えられる。われわれはそれに備えなければならない」。

九時半、オーストリア兵の第二ラッパ手が最後の「総員、武器を執れ」を吹いた。第一ラッパ手はすでにイタリア側に逃亡していた。全員急いで自室に戻り、武器を置いてもう一度集合した。そこで指揮官が訓示を行った。

八月一六日、天津から五〇人のオーストリア＝ハンガリーの分遣隊が到着したが、彼らも武器を携帯していなかった。

九月一四日早朝四時、起床。五時には全員旅支度を整えて駐屯地中庭に集合した。指揮官は兵員たちが示したこれまでの忠誠に感謝の意を表し、収容所まで護送するオランダ兵の指揮官の下でりっぱに行動することを求めた。

「その後われわれは再会を約して三〇人の武装したオランダ兵の護衛のもとで、中国側に引き渡される中央駅までの区間を行進した。中央駅で中国の警察中隊の警戒のもと、特別列車に乗り込んだ。列車は四五分走行し、〔われわれは〕精華園で下車した。そこで騎兵中隊が護衛に加わって、車で収容所に向かった。総員点呼の後で三〇人のオランダ兵、一中隊、二騎兵中隊の警護の中、一六五名のオーストリア＝ハンガリー兵は西苑収容所まで行進した(8)」。

四　海倫市収容所からの苦情

中国が参戦してハプスブルク帝国の在中国公館自体閉鎖を余儀なくされ、公使館員は国外に退去し、兵員は捕虜として収容される中で、他方ロシアを脱して中国で保護されたハプスブルク兵のうち、オーストリア・ドイツ系あるいはハンガリー系の者は、もう一度捕虜として収容されることになった。主な収容所はロシアとの国境に近い海倫市とチチハルに置かれた。そのうち一九二〇年になってなお海倫に抑留されていた旧ハプスブルク帝国国民から出された苦情は、中国の収容所の実態とハプスブルク帝国が消滅した後なお帝国国民として抑留されている者たちが感じている不条理をよく示している。ただしそこに見られる人種的偏見には注意を払わなければならない。海倫に収容されていた「捕虜」が述べた苦情の冒頭には、まずそもそもこの苦情をまとめるに当たっての実情が述べられている。「一九一八年八月二八日以来のここ海倫の収容所の状況は耐え難いものがあるので、ここで抑留されている者全ての意思によりここの状況を全て記録し、何らかの白人の国からの代表団が来たときに提示できるようにするものである」。

ここでは収容所の実態と「帝国後」の抑留者の国家的帰属の問題を見てみよう。

「ここには一年前から一五〇人の収容者がいるが、そもそもここは九〇人用に作られているので台所も狭いし、トイレは少ないし、運動できる場所も限られている。一九一八年八月二八日以来、収容所は閉鎖され、全ての抑留者が犯罪者のように扱われている。それ以来改善は見られない。台所に関して言えば、まず狭すぎるし、いつも汚い。一九一八年四月一日から台所は自主的に運営していたが、一九一九年二月一日からはその権利は取り上げられ、中国側が管理している。われわれが自主的に運営している間は、一人ひと月当たり食費は二〇メキシコドル（当地のドルで二四ドル）掛けていたので、食生活は豊かだった。しかし一九二〇年二月以来食事はまずくなり、量も減っている」。

「衣服については、収容所から提供されているが、いつも季節外れのものが提供される。例えば一九一八年一二月一七日〔?〕には摂氏三八度の暑さの中で毛皮が支給されたし、いずれにしても充分ではない。以前は天津の救援委員会からの提供があったが、それがなければ抑留者の多くは着の身着のままだっただろう。寝具としては綿入りの毛布が一人当たり一枚支給されたが、二年間使い続けたのですっかり薄くなってしまった。この夏には夏用の下着が一組だけ支給された」。
「風呂は一週間に一度だけ、市内にある風呂で入浴できたが、四人の抑留者に憲兵一人と衛兵三人が付いてきた。風呂はいつも不潔で誰かが使った後だった。体を拭くタオルも汚れと何か虫がついていて、黒ずんでゴワゴワしていた」。

国家の帰属について。
「故郷からの手紙や新聞報道から察するに講和はすでに結ばれて、かつてあったような国境は随分変わってしまったようだ。かつてオーストリアやハンガリーやトルコに属していた人々が今はほかの国の国民になっていると聞く。この収容所に抑留されている人々の中にも協商諸国の同盟国に帰属する人がいることは確かだろう。

一九一九年三月八日、ドイツの民間人一人と三人のポーランド人が解放された。
一九一九年三月一三日、アルザス・ロレーヌのドイツ人が解放された。それでもオーストリア、ハンガリー、トルコ以外に帰属する人が何人かいる。
イタリア　ベリニ・G
ウクライナまたはルーマニア　コンドル・J
南スラヴ　イヴァン・Z、ミリ・M、ボゾ・K
チェコスロヴァキア　ヴィルチェク・R、クヴァピル・V、ハンケ・A、ブライエッ・H
ギーグル・J、ショイフラー・F、シュヴァーブ・J、ヘル・F、マンチュ・J
クルップ・H、ローゲル・J

ロシア　ウラベッツ・B
ポーランド　シュヌール・K、エッシヒ・G、リッケル・D、フックス・S
　グリュンシュタイン・S」

「この収容所は外の世界から遮断されている。助けを呼ぶ声が漏れないように、ということである。ここに抑留されている者の半数はすでに三年間収容されていることになる。その間、自国の政府の機関や人が訪れたことはなかった。思うにわが国の政府はわれわれの存在を知らないか、知っていたとしてもわれわれに救いの手を差し伸べるだけの力を持っていない。結局われわれはわれわれの窮状を訴えるに当たって、「人道と法と抑圧されたものの解放」というスローガンの為に戦う者に頼らざるを得ないのである。われわれの見るところ、それはアメリカ合衆国を措いてほかにはない(9)」。

五　協商諸国の基本方針

イタリア系捕虜の処遇

東アジアで抑留されている自国捕虜たちの救援に当たってきた在中国のハプスブルク帝国公館はそれ自体撤退を余儀なくされ、兵員は捕虜として抑留された。その中でシベリアの収容所を脱した捕虜たちは自国による保護に期待できない存在として難民化した。それに対して中国を加えた協商諸国はどう対応したのだろうか。一九一八年二月の陸軍次官から関東都督府陸軍参謀長宛の電報案は日本の方針をよく示している。

「露国に在る墺国俘虜中の伊太利人種に属するものを伊太利へ帰還せしむることとなりたるを以て、該俘虜が帰還輸送の途中乗船の運びに至る迄帝国政府に於いて南満洲の地に一時之を収容せられ度候、在本邦伊国大使の申出あり。之に対し帝国政府は大体敵国人たる俘虜取り扱いの例に準じ相当の検束を加うることの了解の許に其の申出を応諾するに決せり。依て右俘虜貴管内に到着せば前述の趣旨に依り表面俘虜取り扱いの例に準じ内実は伊太利人として待遇上相当の配慮を払われたし。又鉄道輸送、乗船迄の宿舎、給養等の経費は臨時軍事費支弁とし東京経理部に請求しその給養標準は駐屯部隊交代の場合の定額以内にて塞爾比亜《セルビア》兵の給養と均衡を保つ如く実施せらるべし。俘虜の数、到着及び乗船時日等は分り次第通牒す[10]」。

　ハプスブルク軍の兵士としてロシアで捕虜として収容されていたもののうち、ロシア革命後収容所を脱して中国にたどり着いたイタリア系のものについては、日本としては「敵国俘虜」であるけれどもイタリア大使の申出に従って、「イタリア人」として扱うことを示していた。それは南スラヴ系の人たちにも適用され、両者の間で扱いに差ができないように気を遣っている。

　支那駐屯軍司令官から陸軍大臣に宛てた電報からも同じ趣旨が読み取れる。

「伊太利人捕虜は一月十四日以来満洲経由京津〔北京・天津〕地方に到着せし者は、昨日までに約一〇〇〇名にして、うち五〇八名は北京に、四七九名は天津に来たり。当地英国兵営に収容せり。伊国領事の談に、伊国捕虜はなお多数来る予定なるも、給養その他不便なるをもって、ハルビンに一時滞在せしむることに公使より通知を発せり。なお数か月内にシベリアにて伊国捕虜受領委員大佐某打ち合わせのため来津するはず。また伊国領事は英国の同情に依り、同兵営に収容したるも、被服なきゆえ、襦袢、袴下調達方につき田中中佐を経て助力を請えり。仏国司令官の言に、塞爾比亜人捕虜も来る由なるも、その正確の数は不明なり。仏軍にてイタリアおよび塞爾比亜捕虜収容の依頼を受け、山海関泰皇島木沽の兵営に約千名を収容し得べしと。彼は塞爾比亜人には同情せるも、伊国人中には独探、墺探〔独墺のスパイ〕の疑いある者混入しあるべしと語れり(11)」。

ハプスブルク軍に従軍し、ロシアで捕虜になり、ロシア革命後収容所を脱出して中国に到達したもののうち、協商諸国と同盟関係にある国に関係する民族系の人たちは、協商諸国で保護するという原則が読み取れる。すなわち、イギリス、フランス、日本が中国にある兵営を提供してロシアを脱出した捕虜たちを収容し、日本が下着類などを提供するということになる。この時まだハプスブルク帝国は存在していたが、ロシアの収容所を脱して東アジアを彷徨う捕虜たちの姿はハプスブルク後の中央ヨーロッパ情勢を先取りしていた。将来のユーゴスラヴィアとイタリアとの領土をめぐる対立を先取りして、ユーゴスラヴィアを後援するフランスのイタリアへの警戒も見て取れる。そしてロシアの収容所を逃れてきたイタリア系旧捕虜にはもう一つ過酷な運命が待っていた。

ふたたび、シベリアへ!?

もともと帝政ロシアではイタリア系捕虜はスラヴ系捕虜とならんでハプスブルク帝国への反抗を期待されて比較的恵まれた状況にあった。特に同じ協商諸国に属するイタリア政府はロシア政府の支援も得て、ハプスブルク軍のイタリア系捕虜の中でイタリア国土回復運動に共感する者たちをイタリア本国に移送する計画を進めた。モスクワに近いキルサノフ収容所がイタリア系捕虜を集中的に収容していたが、一九一六年秋には四〇〇〇人を超えるイタリア系捕虜がアルハンゲリスク経由でイタリアに向かった。しかし一九一七年にロシア革命が起こって帝政は倒れ、さらに一一月にボリシェヴィキ革命が起こると、アルハンゲリスク経由での輸送は困難になった。ボリシェヴィキ政権が中欧同盟諸国との講和を企図する中で、講和条約が結ばれると、ハプスブルク帝国との捕虜交換によりイタリア系捕虜がハプスブルク帝国に帰国する可能性が出てきた。イタリアとハプスブルク帝国の戦争が継続する中で、イタリア系捕虜が帰国した時には、ハプスブルク兵として対イタリア戦線に投入される可能性があった。そこでモスクワ近くに多くが収容されていたイタリア系捕虜はシベリア鉄道を東に向かい、イタリアの租界があった天津に向かうことになった。二三五〇人のイタリア系捕虜が九〇〇〇キロメートルに及ぶ旅路の果てに天津に到着した。(12) 日本の支那駐屯軍司令官から陸軍大臣に宛てて出された電報はおそらくその第一報であったと考えられる。

一方イタリア政府は、協商諸国によるロシアへの派兵に関してイニシアティブを取っていたが、実際にシベリアで行使できる軍事力は持っていなかった。イタリアからほかの協商諸国に見合う軍事力を輸送する力もなかった。そこで考え出されたのがイタリア系旧捕虜の活用だった。天津に到着した旧捕虜たちはイタリア租界でもう一度行進、教練、軍事教育が行われる中で捕虜の身分から解放されて兵士として再生していくことが実感できた。コスモ・マネーラ少佐のもとで義勇兵が募集されたとき、多くの旧捕虜が応募したことも不思議ではなかった。結局八三四人の兵士と一〇人の将校が採用され、エリトリアから天津に到着した植民地軍兵士六三六人と合わせて、イタリアのロシア派遣軍が形成された。しかし彼らが向かう先がもう一度シベリアであることは告げられていなかった。

「やがてわれわれは「兵士」になり、食事もましになった。中国から直接帰国した人たちよりも日当は二ドル高かった。それは軍務に他ならなかったし、海を渡るはずだった。われわれは同意の署名をするしかなかった。もうすっかり網は張られていて、鳥を捕える準備は出来上がっていた。その網に向かって何と多くの鳥が飛び込んでいったことか」。

「兵役に就きたくない者は、急ぎイタリアに送られた。われわれ網にかかったあわれな鳥は中国にとどまった。一月経つと天津に向かった。そこで合流して、われわれはシベリアに向かった。何ということだ! もう一度シベリアだと?!」[13]

以上を整理すると、ハプスブルク軍のイタリア系兵士として帝政ロシアの捕虜になった者のうち、イタリアの国土回復運動に共感する者たちはいち早くイタリアに移送された。しかし多くのイタリア系兵士は捕虜としてロシアにとどまった。ボリシェヴィキ革命が起きると、行き場を失った者たちはイタリアの租界があった天津に向かった。そして彼らの多くがその意に反してもう一度シベリアでの戦争に巻き込まれることになったのである。そのうち幸運にも一九二二年にトリエステに帰り着いた一帰還兵は、なお二万人のイタリア人が放置されて世間から隔絶されてシベリアにいることを伝えた[14]。

六 「殆んど狂気の状態にあり」——残留捕虜の限界状況

連合国下の管理体制

シベリアに存在するドイツ、ハプスブルク捕虜がボリシェヴィキ勢力に協力してチェコスロヴァキア軍団を圧迫していることを理由として派兵したアメリカ合衆国、日本もドイツ、ハプスブルク捕虜の管理から免れることはできなかった。しかし日本がその存在に気付かされたのは、シベリアに派兵する前にあった、チェコスロヴァキア軍団からの要請だった。一九一八年七月、チェコスロヴァキア軍団は捕虜としたドイツ兵、ハプスブルク兵を日本に移送し、日本で収容するよう求めた。この場合の「ドイツ兵、ハプスブルク兵」の存在が、収容所に残留した捕虜であるのか、チェコスロヴァキア軍団が戦闘の過程で捕虜として捕らえたものであるのかは不明なところがあるが、いずれにしても日本側の対応は明快で、日本へは移送せず、シベリアで、連合国共同で管理するというものだった。「「チェック」軍救援は連合与国の協同事業にして且つ「チェック」軍が独墺俘虜を捕えんとすることが、戦争俘虜の保障によりその郷土に残留する家族並びに同族を独墺側の虐待より免れしめんとする趣旨にあれば、「チェック」軍のなせる俘虜は帝国単独に引き受け、内地に収容するよりも、之をシベリアに置き、監視其の他凡て此れに関する一切の業務を連合軍協同の事業と致し候方、穏当なりと存じ被り候」(15)。

実際に日本がシベリアに派兵した後では、シベリアにあるドイツ兵、オーストリア＝ハンガリー兵を収容する捕虜収容所を連合国で管理する仕組みが作られていったことが窺える。

「本件に関しては曩《さき》に当省の意見に基づき貴大臣より仏国大使ご回答の次第もこれあり。当方に於ては該趣旨に拠り派遣軍司令官の指示を与え置きたるに処、ウラジオに於ては大谷司令官の下に「連合軍俘虜委員」なるものを設け、俘虜に対する情報及び収容所の業務を管理することとし、之に関する諸規定等も大部分はすでに与国軍間の協定を了し、二、三週間ののちには俘虜は凡て連合軍の管理に移し得るの運びと相成る趣にこれあり」[16]。

この枠組みの中で日本軍はアメリカ軍と共に沿海州、アムール(黒竜江)州の二州の収容所を管理するため要員を配置することになった。

「沿黒二州俘虜は日米両軍に於て分担管理し、これに要する経費は各国平等負担と決す。依ってわが軍にて担任すべきウラジオ、ニコリスク、ブラゴエの三収容所の要員、次の如く至急命課派遣ありたし。ウラジオ(情報局を兼ねしむ)中、大尉二、中少尉二、主計一、計手二、一等軍医一、看護長一、看護卒六、ドイツ語通訳二、露語一、ニコリスク〔には〕大尉一、中少尉二、主計一、計手一、軍医一、看護長一、看護卒二、トルコ語通訳二、なくば独語二、露語一、ブラゴエ〔には〕少佐一、大尉一、中少尉二、主計一、計手二、軍医一、看護長一、看護卒二、独語通訳二、露語三」。日本軍は黒竜江沿岸を受け持って、ウラジオストック、ニコリスク、ブラゴエの三収容所が管轄下に置かれた。そのために必要な兵員、通訳、医療従事者の数が定められた。その上で、この収容所の要員は軍司令官の指揮下に置かれるとし、さらに収容所の所在地、収容所ごとの捕虜の出身国、階級別の人員表を作成することが求められた。また捕虜取り締まりの状況、給養、労役、その他捕虜の全般的状態に関して詳細に調べて書面で報告することが求められた[17]。

シベリアに派兵した協商諸国はその当初からシベリアの捕虜収容所に抑留されているドイツ、ハプスブルク捕虜の管理とその費用の負担の問題への対応を迫られていた。日本の対応もその一環と言える。特に費用の問題に関しては、日本、イギリス、アメリカ合衆国、フランス、中国、イタリアの関係各国は、各国が捕らえた、あるいは保護した捕虜の保護管理に要する費用は、その人数にかかわらず各国が平等に負担することで一致を見た(18)。

さらに一九一九年九月には連合国代表武官会議は次のように決議した。「(一)俘虜は故国の召還に応ぜず(二)連合軍の何れの国もその管理する俘虜を露国に引き渡すことを得(三)連合国はその一時的管理下に在る間のみ責任を有する」。この決議があった一九一九年九月には、日本、アメリカ合衆国が派兵を開始した一九一八年八月の時点に比べて、シベリアの収容所に収容されていた捕虜たちの位置づけは微妙に変化していた。実際、九月の連合国代表武官会議決議の第一項は「俘虜は故国の召還に応ぜず」としており、これは一九一八年一一月の時点でヨーロッパ戦線では協商諸国側と中欧列強との間で休戦条約が結ばれ、さらにドイツと連合国とのヴェルサイユ講和条約も結ばれていたことを背景に、捕虜たちの帰国が日程に上りはじめていたことと関係していた。

残留捕虜の窮状

他方でそのことは、ハプスブルク帝国出身捕虜については、ハプスブルク帝国が姿を消し、そのあとに新生諸国家が成立していたことを意味していた。この状況の中で、故国の情報に乏しく、国家の保護を無くした捕虜たちは孤立感を深めていた。一九一九年八月にシベリアのクラスノヤリエレチカ収容所のオーストリア、ハンガリー出身捕虜たちが、日本の陸軍大臣、駐北京オランダ大使、駐東京のスウェーデン、デンマーク、スペインの各大使に宛てた書簡は彼らの窮状と心情をよく示している。

「楽しき家郷を離れ自己の職業を擲《なげうっ》て戦争の為召集に応ぜし以来五星霜を経過せし今日未だ何れの日に於て解放せらるや前途に何等の燭光《しょっこう》を認る能《あた》わず。頗《すこぶ》る懸念に堪えず候。我らの戦友中の数千名はシベリアの不良なる気候の為に甦し、また多数の者は病院に入り殆んど狂気の状態にあり。或いは憂鬱性に罹り一人として精神状態の完全なるものこれなく候。

自由は絶対に許されず且つ狭縮の場所に数千人を集団収容せられ、収容所内は喧噪甚だしく毫も安静を得る能わず。殊に露人の管理下に在る者は凌辱を加えらるる等取り扱い方殆んど言語に絶し候。ただ家郷の父母妻子を念《おも》うのあまり今日まで絶望の境を忍び来たり候。

戦争継続する間、国家の利益の為には個人の利益を犠牲にせざるべからずを以て、我々は我々の運命を挙げて自国政府に委ね申し候も、今や戦争止みたるを以てシベリアに彷徨しつつある我々俘虜は生を得しがため、個人として我々の主張を申し出るの権利を有し申し候。これ以上永く我々を監禁し置くは不法且つ不必要にして又我々の解放せられたき要望を容れらるるに於いても日本帝国は連合諸国の利益に相反すること毛頭これなくと相信じて居り候につき、閣下に我々のこの自然の要望をご傾聴下されたく何分のご考慮願いあげ候」。

国家のために苦しい状況を堪えてきたのに、戦争が終わってもなお囚われの身であることを嘆き、シベリアの収容所事情に最も詳しい日本の軍の最高責任者に対して仲介の労を取ってくれるよう願い出ている。さらに言葉を継いで、

「戦争はすでに止み、敵国側の主要国との講和条約は既に締結せられ戦争再開の公算消滅致し候。オーストリア代表者との講和条約は目下進行中にしてハンガリーは国内紛擾の為講和の進行捗らざれどもこの如きは大戦後に珍しからざる事実にして我々俘虜はこれが為解放を遅延せしめらるるを忍能わざる儀と御座候」と戦争が終結した現在なお帰還が実現していないことへの不満を示した。しかし

最後は「閣下、シベリアの厳冬は目前に近づけり。而して我々の大部分はこの戦慄すべき地に第六回の冬を迎えんとす。氷雪にて閉ざされたる宿舎や永き冬の日や我々の帰国を待ちある家族の事どもを恐怖心配の念を以て想じ、憂えおり候。閣下、貧しき父なき子供や過去数年間生活に困窮せる両親や妻を保護し、救助しせしむる如く罪なき不幸なる我々俘虜を冬に入るに先立ち解放帰国せしめらるる様ご尽力願いあげ候」と述べて、シベリアの厳しい冬を前にしてなんとか帰国できるよう取り計らってほしいと懇願している(19)。

カンスク捕虜収容所から一九一九年一一月一日に出されたウィーンのオーストリア赤十字宛の書簡は、故国の動きから切り離されて今いる場所に留まらざるを得なかった多くの捕虜たちの気持ちを代弁していた。

「ここに添付いたしました四枚の捕虜名簿に記載されている捕虜の家族に、特に注記のない限り、カンスクの収容所あるいはその近くの収容所にいて元気にしているとお伝えください。この名簿にあるのが当収容所の捕虜の全員です。

捕虜は全員その家族に対して、祖国の新聞を送ってくれるよう望んでいます。何故なら新聞を送ってもらうことは許されているからです。また国制の変化に対する正式の説明をしてほしいと思います。その際特に以下の点に留意してほしいのです。

一、かつてのオーストリア＝ハンガリーの地に現在作られている諸国家に関する正確な情報を伝えてほしい。

一、かつてのオーストリア＝ハンガリー国民の将来の帰属について教えてほしい。特に住所、本籍地、その他これに関することです。
一、将校の子弟に関しては特別の規定があるのかどうか教えてほしい。
一、国籍選択の権利があるのでしょうか。あるとすればいつまでに、どのような様式で申請すればいいのか、またそのことに関して捕虜には特別の規定があるのかどうかお知らせください。
一、職業軍人や官吏に採用される可能性があるのかどうか。またその時には何か条件があるのでしょうか。採用される場合には新生国家に振り分けられることになるのでしょうか。その時に採用される側に選択権はあるのでしょうか。またその場合にいつまでに申請すればいいのでしょうか。その場合何か様式があるのでしょうか」。

七　在シベリア独墺捕虜の帰国問題

これまで見てきたように、一九一八年一一月に休戦協定が結ばれると、日本で収容されていた旧ハプスブルク帝国捕虜で新生国家の国民になる者は順次解放されていった。一九年六月にヴェルサイユ条約(対ドイツ講和条約)が結ばれ、九月にサンジェルマン条約(対オーストリア講和条約)が締結されると、ドイツ、および旧ハプスブルク帝国国民でオーストリア、ハンガリーに帰属する旧捕虜の帰還の条件も整い、一二月の末から翌二〇年一月に彼らは帰国の途に就くことになった。シベリアの捕虜収容所の内日本が管理する収容所でも捕虜の帰還が課題となった。一九一九年一二月、駐フランス大使松井慶四郎は本国の内田外相にこの月の二日に行われた連合国間の協議について報告している。この会議で議長を務めたフランス外務省アジア部長は、「シベリアに置ける前記軍隊〔連合諸国軍隊〕並びに俘虜の状況は各般の情報を総合するに悲惨を極め、人道の見地よりするも一日も速やかに送還を要す。蓋し関係各国に於て出来得る限り援助を惜しまざる所以なり」と述べ、この会議の趣旨を明確にした。会議に出席したフランス、イギリス、アメリカ合衆国、イタリア、日本もその点については異論はなかったが、各論としての送還の方法と費用の負担については合意を見出すことは困難だった。チェコ軍団の輸送に関してはアメリカとイギリスが引き受けることでは一致したが、船舶が不足する中、お互いにできるだけ自国で輸送する人数を少なく見積もろうとした。結局、イギリス、アメリカはこの時は回答を差し控え、次回に回答を示すことを約束した。

シベリアにある連合国兵士およびドイツ軍、ハプスブルク軍捕虜の送還に関し、この会議に参加した各国は地理的に有利な位置にある日本の重要性を認識していたが、日本自身は管轄下にある大連港の使用以上のことには本国からの指示が得られていなかった。会議が終わった後で松井大使が議長を務めたフランス外務省アジア部長と協議し、次のように報告した。

「(一)連合国はなるべく速やかに独墺俘虜に先んじて与国軍隊送還を行うべき方針を維持しおること。(二)与国軍隊輸送費用負担者は結局何国となるや、すなわち各軍隊の所属国にて負担するや(「チェック」の如きは同国軍、シベリア遠征は同国の利益の為にあらずして露国過激派勢力阻止の一般利益の為なりしと主張し居る由)または連合国に於て分担するやの根本問題に触るることなく、差し当たりこれら輸送は何国に於て負担するやも定むるものなり。〔(三)、(四)省略〕(五)議長はわが委員に対し、仏国は国力を賭して戦捷を勝ち得、その後始末の為人道の見地よりし旁々《かたがた》本件に関し応分の力を尽くしたるも、之に反し日本は誠に幸福の地位にありと頗る皮肉なる不平を洩らし居たり。シベリアにおける俘虜送還に関し、最高会議議事の模様は逐次の電報にてご承知の通りなるが、日本が大国として本件の如き広汎の影響を有する問題につきこの上極めて冷淡の態度をとるために他国の同情を失い、延いては将来の国交に影響なしを保し難しと存ず[20]」。

松井大使は本国政府に対し、「幸福なる」日本がこの問題について「応分」の負担をすることを求めた。

チェコ軍団の帰還

ここで注目されるのは連合国管轄収容所に収容されている捕虜とチェコスロヴァキア軍団など連合国の同盟軍とが帰還すべき存在として同列に論じられていることである。ただし連合国の同盟軍に当たるチェコスロヴァキア軍団などが帰還の順位としては優先権があるとしていた。その背景にはチェコスロヴァキアの日本代表部のニェメッツの働きかけがあった。一九一九年八月のニェメッツの覚書は、まずチェコスロヴァキア軍のシベリアにおける活動があくまでも連合国の活動の一環であることを指摘した。ロシア革命が過激化した背後にドイツが存在することに鑑み、「過激主義は当初より大胆にその排連合国主義にして親独主義なるを表明せり。故に在露「チェック、スロバック」軍は露国の民主主義を救い、かつこれによりわが共同の敵より露国を救うは連合国の神聖なる義務と思考して奮起せり」。ロシア人もいたるところで熱狂してチェコスロヴァキア軍を歓迎し、「一大光明はシベリアの全土に漲り、暗澹たる「レニン」の魔手はその影を没するにいたり」。チェコスロヴァキア軍は一日も休まず戦闘に従事し、あるいは鉄道の要員としてシベリア鉄道を動かし、時には工場で技術指導を行った。そしてその間にもドイツは敗戦し、ニェメッツの母国は解放されて、講和条約も調印され、国際連盟も制定されているにも関わらず、「わが「チェック、スロバック」軍は今や再び絶望の境に立ち、また当初よりわが軍を助け、過激派を憎みたる露国の幾多愛国の士はあるいは銃殺せられ、あるいは獄中に呻吟し、恐怖は安穏なる生活を遮断しつつあり」。ニェメッツはチェコスロヴァキア軍団の置かれた現状をこのように述べたあとで、その原因を連合国が東部戦線を蔑《ないがし》ろにしていることにあると述べ、だからシベリアにあるチェコスロヴァキア軍団は疲弊し、ホームシックに罹っている、と指摘した。しかもチェコスロヴァキア軍団は今や敵意に囲まれている。「連合国の優柔不断なる政策は、露国内内状の改善発達に大なる困難を生ぜせしめ、露国内形勢は改善さるるどころか却って次第に悪化しつつあり。宜なり、連合国に対する露国人の憎悪は日に日に増進しつつあり。而して連合国なる名は過激派たると、反過激派たると、将《はた》また目下一般露国人のごとく無所属派たるとを問わず、露国人によりて口外せらるる時は、如何に戦慄的に響くやは連合国民のこれを知らざるところなり」。「而して他の露国国民間には在露連合国の真目的に関し種々の意見行われつつあるも、唯一点のみ彼らの意見は一致す。すなわち、連合軍を憎悪する点なり」。そしてその結果として「本年〔一九一九年〕一月より五月までの間において、わが軍の自殺者三十二名に達せし事実を以って一目瞭然たり」。だから、もし連合国がロシアに今後有効な援助を送らないならば、チェコスロヴァキア軍団がこれ以上シベリアにとどまって苦痛に耐えなければならない理由はない、として、連合国が派遣軍を増強するか、チェコスロヴァキア軍団が撤退するかの二者択一を迫った[21]。この文書が出されたのが一九一九年七月、すでに一九一九年六月末、チェコスロヴァキア軍団の帰国第一陣がアメリカ合衆国経由で帰国の途に就いた。七月一七日一行はワシントンＤＣでウィルソン大統領から祝福の言葉が与えられた。「近代史において、いやそれどころか人類の歴史において諸君の兵の引き方ほど見事なものはなかった。敵意に満ちたドイツ軍やオーストリア軍に抗して、それは遂行されたのであり、また数千マイルにおよぶシベリア横断は見事に秩序あるものであり、組織的なものだった。諸君は今故国への途上にある。その故国は今や自由な独立国家である。諸君がロシアとシベリアで見せた粘り強さを故国でも発揮されんことを祈って歓迎の言葉に替えさせていただきたい[22]」。

そしてシベリアから帰還するチェコスロヴァキア軍団兵士は第二船まではアメリカ合衆国経由だったが、第三船、ヘフロン号はインド洋周りで帰ることになった。ところがヘフロン号は関門海峡通過中に座礁し、神戸の川崎造船所のドックで修理することになり、乗組員も神戸に向かった。日本と旧ハプスブルク捕虜兵とのもう一つの出会いが生まれることになった[23]。

神戸のチェコスロヴァキア軍団

チェコスロヴァキア軍団の神戸入りの様子を、当時の『朝日新聞神戸付録』は次のように報じた。

「既報の通り宿舎を門司より神戸に移すことになったチェック兵約八五〇名は臨時列車で三日午後三時一〇分下関発、四日午前九時三三分神戸駅着、下車隊伍を整え楠木町元県立神戸商業高等学校跡の宿舎に入ることに決まったが、一行中商業学校校舎内に滞在するのは四〇〇名で、残余は神戸基督教青年会館に一〇〇名、川崎造船所にて修理中の同軍の乗船内に一〇〇名、及び商業学校校庭テント

（姫路師団より貸与）内に二五〇名、各収容の予定である」[24]。

さらに続報として、九月六日付けの『朝日新聞大阪版』は次のように報じた。

「六時ころ青年会館や武徳殿へ分宿した者が列を組んでバラックまで夕食に来る。テントの下でパンを齧り暖かいスープを吸ううちにも賑やかな談笑の声は絶えない。食後、身体を水で洗ってホッとした彼らは三々五々散歩に出る者、居残ってトランプに耽る者などある中には胸をはだけて胡弓を弾きながら異国の夜のつれづれを慰める者もあり、雑草の長いバラックの空き地に出て夜の風に吹かれながら故郷の民謡を歌うものもあり賑やかな事である。とあるテントの入り口に呆然星を眺めていた一人の下士は語る。「日本の待遇には真に感謝しております。私は故郷に妻と四人の子供を残して来ているのです。煉瓦の竈の側で彼等が遊んでいるのが眼に見えるようです。私が帰れば六人の家族になるのですが、ミーチャ（妻の名？）はきっとその六人のためにサモワルを沸かす日を待っているに違いありません」。こう言って彼は大きく十字を切った。十時を過ぎると次第に周囲が静かになって皆寝床へと急ぐ。健やかな睡眠に抱かれる前に灯を消し、彼らはまず故郷に残してきた可愛ゆき者のために祈るのだ[25]」。

こうして船の修理が終わるまでのチェコスロヴァキア軍団の神戸での生活が始まったが、多くの兵士は一九一四年以来の異国での生活に疲れており、言葉も通じぬ日本での生活は容易なものではなかった。そのときに縁があって軍団の兵士の世話をしたのが、関西学院グリークラブのメンバーだった塩路義孝氏であった。このときチェコスロヴァキア軍団の合唱団は総勢四〇名、『グリークラブ八〇年史』によれば、その合唱団は「立派な体格のうえに、天性の音楽性と声質、声量を持ち、とくにバスパートは全くすばらしく、見事な男性四部合唱であった」という。[26]

塩路氏を介してチェコスロヴァキア軍団と関西学院グリークラブの交流が始まり、九月一五日には関西学院でチェコスロヴァキア軍団合唱団の音楽会が開かれ、またサッカーや野球の試合をすることもあったという。チェコスロヴァキア軍団は世話になったお礼に持ち歌を数曲グリークラブにプレゼントした。そのうちの一つが「ウ・ボイ（戦いへ）」というクロアチア語の歌で、チェコスロヴァキア軍団が帰国するとき、グリークラブは送別会を開いてこの曲を合唱した。その後も関西学院グリークラブはこの歌を持ち歌にし、一九八九年三月にはこの歌の故国クロアチア（当時ユーゴスラヴィア）で演奏会を開いて「里帰り」を実現させた。[27]

日本軍管理下の収容所からの帰還

連合国管轄収容所に収容されている捕虜もチェコスロヴァキア軍団など連合国の同盟軍も、どちらも悲惨な状況にあるという総論では一致していたが、救援にしろ帰還にしろその費用を誰が負担するかという各論になると一致は難しかった。そのなかで位置的に最前線にあった日本は取り敢えず経費を負担して救援物資を送り、請求書はそれぞれが帰属する国家へあとで回すしかなかった。

日本軍が管理したシベリアの収容所に収容されていた旧ハプスブルク帝国捕虜は五三一八人、一九二〇年四月二四日にオーストリア捕虜五二人、ハンガリー捕虜二二人がドイツの受領委員に引き渡され、五月一一日にはオーストリア捕虜一一四人、ハンガリー捕虜二〇九人がハンガリー受領委員に引き渡され、帰国の途に就くことになった。一九二〇年一〇月二三日、ウラジオストック収容所の四六一人、ニコラエフスク収容所の四四人計五〇五人のハンガリー捕虜がハンガリー捕虜受領委員に引き渡された。その結果残った捕虜の収容先と引き渡されるべき国名を以下のように報告した。オーストリアに関して、ウラジオストックに四七人、ニコラエフスクに一四人、計六一人、ハンガリーに関して、ウラジオストックに一六八人、ニコラエフスクに五人、計一七三人、トルコに関して、ウラジオストックに三二八人、ニコラエフスクに四三二人、計七六〇人だった。解放、送還が手間取っていることについて、陸軍次官は「シベリアにある連合国管理俘虜の解放も逐次進捗いたし候処、今回墺国人俘虜若干残存致し居るが如きは、曩に本邦に収容したる俘虜の解放に際し、新国籍を取得したる俘虜といえどこれが受領者なき場合には旧国籍の受領委員に引き渡すことに協定したる関係も有之候条前記残存旧墺国人俘虜もこの際成し得れば墺国人俘虜受領委員に引き渡し、速やかに解放を完了するよう取り計らい相成りたく候や[28]」とウラジオストック派遣軍の参謀長に書き送った。日本陸軍は日本国内の捕虜収容所からの解放がハプスブルク帝国消滅後の国際関係の中で複雑な経緯を経たことを認識しており、それがシベリアで日本軍が管理する収容所からの解放においても繰り返されていることに現地の理解を求めた。一一月一一日、一六日の二日で、ハンガリー人一六九人、オーストリア人一八人、ポーランド人五人、チェコ人一人、ガリツィア人一一人計二〇四人が解放されて、日本軍管理下収容所からの旧ハプスブルク捕虜は姿を消すことになった。しかしシベリアの捕虜収容所にはまだまだ多くの旧ハプスブルク捕虜が帰国の日を待ちわびていた。

八　中国からの帰還、それでもなお

連合国管理下のシベリアで収容されていたハプスブルク捕虜にはともかく帰国への道が開かれたが、中国に取り残されていた旧ハプスブルク帝国国民でオーストリア、ハンガリーに帰属する人々の帰還は容易ではなかった。旧ハプスブルク帝国の在中国公館は、それ自体が撤収の準備に奔走している有様だった。中国に取り残されていた旧ハプスブルク帝国国民でオーストリア、ハンガリーに帰属する人々は、大きく分けるとロシアの収容所を脱出した旧捕虜と中国で抑留されていて解放された旧海軍分遣隊のメンバーだった。旧ハプスブルク公館は、撤収作業の傍らで彼らを保護し、帰国に向けた世話をしなければならなかった。その中で旧ハプスブルク公館が頼ったのは、大戦時から中立国としてハプスブルク帝国の利益代表を務めたオランダ公館だった。旧ハプスブルク公館はオランダ大使宛てに帰国を望んでいる一四七人のリストを作成して以下のように報告している。

「添付いたしますのは故国への帰還を望む人のリストです。そのうち天津在住の者は、女性のシュヴェッツさんを除いて全てシベリアからの逃亡捕虜で、シュヴェッツさんも含めてみな困窮を極めています。北京の在住している人たちも事情は同じです。そのうちラディヴォイさんはかつて海軍分遣隊にいて、のち中国に抑留されてドイツ兵の捕虜病院で衛生兵として働いていました。ほかの人たちは全てシベリアからの逃亡捕虜で、最後に挙げた三人は二日前に北京に着いたばかりで、当公使館で寝泊まりしています(29)」。

第一次世界大戦の終結とともにハプスブルク帝国は姿を消し、そのあとに新生独立国家が成立した。一九一七年に中国が協商諸国側で参戦し、ハプスブルク帝国の公館は機能を失い、シベリアの捕虜収容所から逃亡した自国民を保護することができなくなっていた。そのうち協商諸国側になるはずの民族(イタリア系、南スラヴ系、ポーランド系など)は、協商諸国側で保護することが可能だった。オーストリア系、ハンガリー系の逃亡捕虜たちは、中国側に抑留されるか、難民化していた。休戦協定が結ばれたあとも、旧ハプスブルク公館は自身の撤収に精一杯で、オランダ公使館の援助を得て何とか、中国の抑留から解放されたり、新たに中国に流入したりしたオーストリア系、ハンガリー系旧捕虜を保護する状態であったことが読み取れる。したがって収容所を脱した多くの旧捕虜が行き場を失って滞留していたことは、容易に想像できることである。

一九二〇年、ウィーン駐在のスペイン大使は、駐東京大使館の情報に基づき、オーストリア外務省にシベリアに取り残された旧ハプスブルク帝国軍捕虜兵の動静を伝えた。中立国として日本におけるハプスブルク帝国の利益代表を務めていたスペインは、旧ハプスブルク捕虜の現状を日本の外務次官、軍当局者から聴取した。その言によれば、旧ハプスブルク捕虜はドイツ捕虜と同様に連合国の保護下にあり、その保護のための費用は連合国各国の分担に依るということであった。その上で、日本の管轄下にある旧ハプスブルク捕虜はハバロフスクに一二七四人、ウラジオストックに一八四一人、ニコライエフスクに一六五五人、ブラゴヴイエシュチェンスクに三九三人など合わせて四一二三人であることを明らかにした。そしてロシア政府の管轄下に二万人いることを伝えた。それに対してスペイン大使がシベリアにはなお一二万人の旧ハプスブルク捕虜が存在するはずであることを指摘すると、日本政府高官は、その多くがボルシェヴィキ政権の管理下に置かれて、赤軍のもとで戦わされているのではないか、という見通しを語った(30)。

（1）「シベリア出兵ニ関スル日本政府ノ宣言ニ関スル件」『日本外交文書』大正七年、第一冊、九三七―九三八頁。原暉之『シベリア出兵――革命と干渉　一九一七―一九二二』（筑摩書房、一九八九年）、三六五―三六六頁。

（2）ÖStA, KA, AOK, Evidenzbüro 3852, 1915-1921 Kriegsgefangenen Fürsorge: Irkutsk, Antipicha, Atshinsk, Barnaul etc., Nr. 5152（Kansk, 4. Okt. 1918）.

（3）共通陸軍第二四歩兵連隊の徴兵区はカルパチア山麓地方。この地域のチェコスロヴァキアへの帰属に関しては、篠原琢「「名前のないくに」――「小さな帝国」チェコスロヴァキアの辺境支配」大津留厚編『「民族自決」という幻影――ハプスブルク帝国の崩壊と新生諸国家の成立』（昭和堂、二〇二〇年）所収、を参照。

（4）ÖStA, KA, AOK, Evidenzbüro 3852, 1915-1921 Kriegsgefangenen Fürsorge: Irkutsk, Antipicha, Atschinsk, Barnaul etc., Nr. 461（Kansk, 2. Sept. 1918）.

（5）ÖStA, KA, AOK, Evidenzbüro 3852, 1915-1921 Kriegsgefangenen Fürsorge: Irkutsk, Antipicha, Atschinsk, Barnaul etc., Nr. 3598（Beresovka, 17. Juni 1918）.

（6）ÖStA, KA, AOK, Evidenzbüro 3852, 1915-1921 Kriegsgefangenen Fürsorge: Irkutsk, Antipicha, Atschinsk, Barnaul etc., Nr. 4146（Atschinsk, 25. Juli 1918）.

（7）ÖStA, KA, AOK, Evidenzbüro 3852, 1915-1921 Kriegsgefangenen Fürsorge: Irkutsk, Antipicha, Atschinsk, Barnaul etc., Nr. 4862（Kansk, 16. Sept. 1918）.

（8）Kaminski/Unterrieder, *Von Österreichern und Chinesen*, SS. 566–569.

（9）ÖStA, KA, Kgf. 5-4/12 216/aII, Beschwerde-Schrift der Internierten des Hailindr-Largers in kurz gedrängter Form.

（10）防衛省防衛研究所「伊太利人種ニ属スル在露墺国俘虜帰還輸送ノ件」「欧受大日記」大正七年（一九一八年）JACAR（アジア歴史資料センター）Ref. C03025050600.

（11）防衛省防衛研究所「伊太利人種ニ属スル在露墺国俘虜帰還輸送ノ件」「欧受大日記」大正七年（一九一八年）JACAR（アジア歴史資料センター）Ref. C03025050500.

（12）Andrea Di Michele, *Soldaten zwischen zwei Uniformen. Österreichische Italiener im Ersten Weltkrieg*, Wien/Köln/Weimar: Böhlau Verlag, 2020, S. 188.

（13）Ibid., SS. 194–195.

（14）Ibid., S. 214.

（15）防衛省防衛研究所「チェック軍ノ得タル独墺俘虜ヲ日本ニ収容方ニ関スル件」「西受大日記」大正一〇年（一九二一年）一二月。JACAR（アジア歴史資料センター）Ref. C07061354200.

（16）防衛省防衛研究所「チェック軍ノ得タル独墺俘虜ヲ日本ニ収容方ニ関シ再応照会ノ件回答」「西受大日記」大正一〇年（一九二一年）一二月。JACAR（アジア歴史資料センター）Ref. C07061354200.

（17）防衛省防衛研究所「沿黒ニ州俘虜収容ニ関スル件」「西受大日記」大正八年（一九一九年）五月。JACAR（アジア歴史資料センター）Ref. C07060717600.

（18）外務省外交史料館「欧州、日独戦争関係一件　独、墺等俘虜収容関係　在西比利亜俘虜関係」JACAR（アジア歴史資料センター）Ref. B02032341600.

（19）防衛省防衛研究所「在西比利俘虜願書移転牒ノ件」「欧受大日記」大正八年（一九一九年）一〇月。JACAR（アジア歴史資料センター）Ref. C03025088000.

(20) 外務省外交史料館「欧州戦争関係在西比利亜敵国俘虜関係雑件」第二巻「在西比利亜独墺俘虜送還問題」JACAR(アジア歴史資料センター) Ref. B07090954000.

(21) 防衛省防衛研究所「「チェック」国代理公使「ネメッツ」氏ノ各国大公使提出セル論文」「西受大日記」T8-14-65。JACAR(アジア歴史資料センター) Ref. C07060856100.

(22) Betty Miller Unterberger, *The United States, Revolutionary Russia, and the Rise of Czechoslovakia*, Chapel Hill/London: Univ. of North Carolina Press, 1989, p. 327.

(23) 『関西学院グリークラブ八〇年史』四八—四九頁。

(24) 『大阪朝日新聞神戸付録』一九一九年九月四日。

(25) 『朝日新聞(大阪)』一九一九年九月六日。

(26) 『関西学院グリークラブ八〇年史』五〇頁。

(27) 『毎日新聞』一九九九年一二月四日。

(28) 防衛省防衛研究所「在西比利洪国俘虜解放ノ件」「西受大日記」第四三二五号。JACAR(アジア歴史資料センター) Ref. C07061347000.

(29) HHStA, Gesandtschaft Peking, Liquidierungskommission des österr.-ungar. Marinedetachements Peking (7. Januar 1920).

(30) ÖStA, AdR, Kgf. 31499/20, Spanische Gesandtschaft in Wien (18. IX. 1920).

おわりに――捕虜から見た多民族帝国の終焉

ハプスブルク帝国の東アジアにおける存在は、常駐艦カイゼリン・エリーザベト号を除けば、北京の公使館と天津租界という小さなものでしかなかった。しかしこの二つの存在は第一次世界大戦が始まると、シベリアや日本に置かれた捕虜収容所の自国民救済に大きな役割を果たすことになった。その活動を保証していたのは、中立国としての中国の存在であり、アメリカ合衆国の存在だった。

一九一七年三月以降、革命ロシアの捕虜収容所を脱して、大量のハプスブルク捕虜が中国に流入する中で、アメリカ合衆国は四月にドイツに対して宣戦を布告し、八月には中国が協商諸国側で参戦した。それに伴い、ハプスブルク帝国の北京の公使館も天津の領事館も敵国外交使節として閉鎖されることになった。シベリアの収容所を脱した旧捕虜たちは、自国からの保護を期待することができなくなった。彼らのうちドイツ系、ハンガリー系の旧捕虜は中国当局に抑留され、協商諸国側の国家(未来形を含めて)系の民族は、協商諸国の保護に委ねられることになった。東アジアの地でハプスブルク帝国は自国民を保護する能力を失い、自壊していたと言えるだろう。同時にそのあとにできる新生国家も、「協商諸国に保護される民族」という形でその姿を少し現しつつあった。東アジアで起きた一九一七年の構造転換は、世界大戦後の中央ヨーロッパの地図の書き換えを先取りしていた。

現在のオーストリアのシュタイアーマルク州のある村出身のマットホイス・Wは一八八一年に生ま

れた。一九〇三年に徴兵されてオーストリア＝ハンガリー共通陸軍グラーツ猟兵大隊に所属した。平時には馭者の仕事をしていたが、一九一四年八月一三日に召集されて、対ロシアの最前線に向かった。一九一四年八月三一日にガリツィアのプシェミシルでロシア軍の捕虜になり、一九二〇年までロシアの捕虜収容所に抑留された。一九一九年一〇月二七日、ウラジオストック郊外のペルヴァヤ・リエチカから両親に宛てて次のような手紙を書いている。

ご両親様　ご存知のように気候についていえば、シベリアの特に冬の夜の荒々しい天候は皆が言う通りです。冬の寒さはマイナス四〇度から四五度、もう少し北に行くとマイナス六〇度にもなります。毎年毎年冬を前にすると恐ろしくなります。冬を前にすると私は独《ひと》り言《ご》ちます。今年の冬は乗り切れるだろうか、と。でも神様のお陰で生き延びています。今年、六度目の冬を前にして、私の健康状態は良くなっているので、この冬は乗り切れるのでは、と思っています。そして春にはご両親様と再会できるのでは、と期待しています。

この時の少し楽観的な手紙は、この収容所の管理が日本軍にあって、食事が改善されたことと関係していたかもしれない。

そのマットホイス・Wはその冬が終わろうとしている一九二〇年二月七日に次のような手紙を両親に宛てて書いている。

ご両親様　ドイツ政府の代表がこの収容所に来ました。それを前にドイツの代表は私たちドイツ系のオーストリア人に関しても帰還に関して何らかの権限を持っているのでは、と期待していました。しかしドイツの代表はドイツを出る前にウィーン政府に在シベリアの捕虜に関する問い合わせをしたのに何らの回答も寄せなかった、と話していました。私たちの政府は私たちのことをどう考えているのでしょうか。一九一四年、政府は私たちを「発見」しました。私たちは祖国に対する義務として前線に向かいました。私たちは自己を犠牲にして、嵐であっても夜も昼も暑い日差しの中でも、砲火が轟き、弾丸が飛び交う中でも戦いました。私たちは命も財産も祖国に捧げました。(1)

この時マットホイス・Wが持った国家に対する疎外感は、シベリアの収容所に取り残された旧ハプスブルク捕虜たちにも、難民として中国に向かい、そこで再び捕虜として収容された旧ハプスブルク捕虜にも、また祖国に戻りながら後備部隊に配属されて、もう一度前線に出ることを強いられたとき、次々に反乱を起こした帰還兵にも共通する思いだった。ユーラシア捕虜収容所群島を生きて、西に向かって祖国に戻った人たちと、東アジアをさまよった人たち、その両者がともに持った祖国への疎外感に、長い歴史を掛けて作り上げられたハプスブルク帝国というシステムがもろくも崩れ去っていく要因があった。

マットホイス・Wが収容されたのは、最終的には日本管轄の収容所だったので、一九二〇年には帰還することになるが、シベリアで非正規な戦争が続く限り、取り残された旧ハプスブルク帝国兵にして旧ロシア帝国捕虜たちの帰還への道は閉ざされたままだった。J・ベーラーは、『中欧における非正規戦　一九一八―一九二一 ――ポーランドの再建』で以下のように述べている。「西ヨーロッパでは一九一八年一一月に戦いは終わった。しかし、それより東の地域ではこのことは当てはまらない。そこではロシア帝国、ハプスブルク帝国、オスマン、ドイツ帝国が崩壊し、ボリシェヴィキ革命の余波が残り、国家の独立をめぐる争いが継続する中で、一九一八年の西ヨーロッパにおける停戦があっても平和への道は遠かった。まさに帝国間の「正規な」戦争からその後継をめぐる「非正規な」戦争へと形態を変えながら、世界規模での戦争の最後の局面が戦われた[2]」。

正に「西ヨーロッパを除いて」ユーラシア大陸を横断する形で、戦争は一九二三年ころまで続いた。その中でシベリアに取り残された旧ハプスブルク帝国兵にして旧ロシア帝国捕虜という存在にとって、一九二二年の日本の撤退を一つの画期としてシベリアにおける非正規な戦争が終わって、ようやく帰国への道が開かれることになった。その意味で「この戦争」は一九一七年、一八年にその構造を変えながら、二三年ころまで続いたと考えるのが妥当であろうし、またその戦争を何と呼ぶかは、これから検討されることになるだろう。

（1） Siutz Klaus, *Kriegsgefangenschaft in Sibirien 1914–1920. Mathäus Wirnsperger*. Diplomarbeit, Karl Franzensuniversität Graz, 1994, S. 10.

（2） Jochen Böhler, *Civil War in Central Europe, 1918–1921. The Reconstruction of Poland*, Oxford: Oxford Univ. Press, 2018, pp. 59–60.

あとがき

この本も多くの人との出会いから生まれました。一九七九年から八一年まで私は主にフロイト博物館のあるウィーン九区ベルクガッセにあったウィーン大学東欧・東南欧研究所でロバート・A・カン客員教授の指導の下でハプスブルク史研究を進めていました。その時カン教授の助手を務めていたのがホルスト・ハーゼルシュタイナー氏とアーノルト・ズッパン氏の二人の俊英でした。プラシュカ、ハーゼルシュタイナー、ズッパンの三氏が一九七四年に出版した共著『国内戦線』は、最初にクラグエヴァッツで刑場に向かう反乱兵の描写で始まっていました。それはハプスブルク帝国の内部にあった亀裂を象徴的に描きながら、同時に八〇〇ページ以上の紙幅を費やして、その持つ意味を丁寧に丁寧に解き明かしたものでした。この本は私にとってハプスブルク史研究者として生きていく時の道標になりました。

二〇一九年、春を前にしてハーゼルシュタイナー氏が亡くなられました。その時のズッパン氏の心のこもった追悼の文を引用させていただきたい。「同志、ハーゼルシュタイナーは一九四二年四月三日、ベオグラードでウィーン生まれの夫とハンガリーのサバトカ（スボティツァ）生まれの妻という夫婦の子どもとして生まれた。戦争の混乱を避けるため、母親はこどものホルストを連れて故郷の町に戻った。その後紆余曲折を経て、一九四七年ウィーンにたどり着いた。ホルストがベオグラードですでにセルビア語を身に着けていたとすれば、ウィーンで学校に入るまではハンガリー語が母語の役割を果たしていた。ホルストの父親は捕虜生活を送ったあとで、ウィーン三区で一家そろって生活することになった。ホルストはシュトレーバースドルフのギムナジウムを卒業するが、そこで人文学の素養を身に着けると同時に陸上競技とサッカーのトレーニングにも励んだ」。

ハーゼルシュタイナー氏の存在は、この地域がハプスブルク後に経験した苛酷な歴史を体現していました。同時にそれは多言語的な世界を象徴していましたし、またそれとも関連して一つのアイデンティティに帰結しない存在を体現していました。だからこそ『国内戦線』は一党一派に偏しない目で「反乱」と「処刑」という過酷な歴史の現実を見つめることが可能だったのだろうと思います。

私は二〇世紀の末に、もう一度原点に戻って、自分自身の目でハプスブルク兵として戦場に立ち、敵軍の捕虜になり、やっとの思いで帰還した人たちが、今度は国家に対して反乱を起こしていく、そのプロセスを見てみようと考えました。そこで国立文書館のルドルフ・イェシャーベック氏に「捕虜を研究したいのだが」と相談したところ、彼が答えたのは、「エリーザベトを研究するのか?」という問いかけでした。私はこの時彼の問いかけが意味することを全く理解できていませんでした。ところがこのイェシャーベック氏との会話の後で帰国した私を待っていたのが日本史のスタッフからの翻訳の依頼でした。

奥村弘氏を中心として、神戸大学の日本史のスタッフは、阪神淡路大震災を目の当たりにして、まず被災史料の保全活動に取り組み、その次の段階として保全した史料を活用して地域史を掘り起こす作業に取り組み始めていました。ちょうどその時に神戸の西北に位置する兵庫県小野市の市史編纂事業に一つの史料が持ち込まれました。父君が世界大戦時に板東収容所に収容されていたディルク・ファン・デアア・ラーン氏が収集したドイツ兵捕虜に関する資料の中に青野原に収容されていた捕虜の手記があったので、ラーン氏はそれを小野市に提供したのでした。それが青野原俘虜収容所という存在との最初の出会いでした。そしてやがてその収容所に収容されていた捕虜の約半数がハプスブルク兵であり、彼らがこの戦争で日本で捕虜となっていたのは、彼らがハプスブルク帝国の東アジアにおける常駐艦カイゼリン・エリーザベト号の乗組員だったからだということがわかってきました。イェシャーベック氏の問いの意味がこの時に初めて分かったという次第です。

その後小野市、加西市の協力を得ながら現地調査を積み重ね、またオーストリア国立文書館のカイゼリン・エリーザベト号関係史料の調査研究を進めていきました。二〇〇八年に小野市好古館の大村敬通館長とオーストリア国立文書館のローレンツ・ミコレッツキー館長の協力を得て、国立文書館展示室で「里帰り展」と銘打ってその成果を披露することができました。この展示会を契機にドイツのディーター・リンケ氏から青野原で捕虜だったハインリッヒ・ハンクシュタイン氏が残した写真三〇〇枚ほどが提供されたことも青野原研究の進展に大きな意味がありました。しかし本書の成立のためにはその時にオーストリアの外交文書館に相当する「帝室・宮廷・国家文書館」のアウワー氏から、在中国オーストリア公館の史料が有益なのでは、と示唆を受けたことが大きな意味を持ちました。世界大戦期オーストリアと日本の国交が断絶した時、間近に存在した在中国ハプスブルク公館は日本のハプスブルク捕虜に関する情報収集の最前線に立っていました。同時に在中国オーストリア公館は、中央アジアからシベリアに至る広大なロシア領のハプスブルク捕虜救援の最前線に立っていました。在中国ハプスブルク公館と関連する文書の存在は、青野原で収容されていたハプスブルク捕虜兵を、その一万倍にも達するユーラシア捕虜収容所群島に収容されていたハプスブルク捕虜兵と結びつけることを可能にしました。また同時に、中国の協商諸国側での参戦によるその「不在」が、東アジアをさまよう旧ハプスブルク兵にして旧ロシア捕虜が抱いた国家への疎外感へアプローチすることを可能にしました。

二〇一九年一一月から二〇二〇年三月にかけて、下オーストリア州立博物館主催で行われた青野原捕虜収容所展もまたさまざまな出会いの賜物でした。一九一四年一〇月三一日に始まった日本軍の青島要塞攻撃で戦死したハプスブルク兵の一人に、下オーストリア出身のヨハン・ドュケさんという人がいました。その妹のアンナさんは兄のヨハンさんが戦死した時の様子とどこで埋葬されているかを知りたくて日本の捕虜収容所に収容されている兄の戦友あてに手紙を出しました。その手紙に応えて、資料も添えてアンナさんに返事を書いたのがラッツェンベルガーさんでした。ラッツェンベルガーさんは最終的には青野原収容所から帰国することになりますが、その間、二人の間では文通が続きました。一九一九年に帰国の途に就いたラッツェンベルガー

図A　青野原収容所のラッツェンベルガーさんからアンナさんに出されたハガキ.
所在：Haus der Geschichte der Niederösterreichische Museum Betriebs GmbH, Kulturbezirk 5 St. Pölten, Österreich.

さんは帰国後アンナさんと結婚し、そのご家族が今でも下オーストリアに住まわれています。捕虜収容所が取り持ったこの縁に注目したのが下オーストリア博物館歴史部長のクリスティアン・ラップさんでした。世界戦争を普通の人々から見ることを考えたときに、下オーストリアという地域の中に住む人が経験した「捕虜」と「愛」は恰好の素材になります。ラップさんの主導で資料の収集が進められ、その過程で私たちの青野原収容所研究との接点も生じて、帰還船が出航してから一〇〇年の節目に下オーストリア州都ザンクトペルテンでの青野原収容所展が実現することになりました。その成果を踏まえて、もう一度日本で青野原収容所展を開く計画はコロナ禍の中で中断していますが、それも青野原の歴史の一齣として記憶されることになるでしょう。

その難しい状況の中でこの本が出版されることになったのは岩波書店編集部の石橋聖名さんの奮闘に負うところが大きいと思います。そしてそのパワーを引き出したのも青野原の地元の方々の熱意の賜物と思います。深く感謝致します。

本書は、日本学術振興会JSPS科学研究費基盤研究(17H00935)「一九一八―一九年像の再構築――継続と変容」(代表　大津留厚、二〇一七年―二〇二〇年)の助成による成果の一部です。

二〇二〇年一一月

大津留　厚

参考文献

《文書館史料》

Haus-, Hof-, und Staatsarchiv (HHStA)

Österreichisches Staatsarchiv (ÖStA)

Steiermarkisches Landesarchiv

外務省外交史料館

防衛省防衛研究所

《雑誌，新聞》

Mitteilungen der Staatskommission für Kriegsgefangenen- und Zivilinterniertenangelegenheiten.

Der Plenny: Organ der Bundesvereinigung der ehemaligen öst. Kriegsgefangenen.

Time. The Weekly Newsmagazine.

『朝日新聞』

『神戸又新日報』

『鷺城新聞』

《同時代史料》

Bundesvereinigung der ehemaligen österreichischen Kriegsgefangenen (Hg.), *In Feindeshand. Die Gefangenschaft im Weltkriege in Einzeldarstellungen.* 2 Bde., Wien., 1931.

Die Deutschmeister. Taten und Schicksale des Infanterieregiments Hoch- und Deutschmeister Nr. 4 insbesondere im Weltkrieg, Wien, 1928.

Geschichte des salzburgisch-oberösterreichischen K. u. k. Infanterie-Regiments Erzherzog Rainer Nr. 59 für den Zeitraum des Weltkrieges 1914–1918, Salzburg, 1931.

Jirásek, Josef, *Můj Západník od počátku světové války r. 1914 a doba mého zajetí v Rusku a v Sibiři,* Červený Kostelec: Pavel Mervart, 2009.

Kinsky, Nora Gräfin, *Russisches Tagebuch, 1916–1918. Ein Dokument der*

Menschlichkeit, Stuttgart: Seewald Verlag, 1976.

Nowak, Victor, *Bilder aus der Erinnerung eines Austauschinvaliden*, Wien, 1917.

Österreich-Ungarns Letzter Krieg 1914–1918, I–X, Wien: Verlag der Militärwissenschaftlichen Mitteilungen, 1930–1938.

《欧文文献》

Beckett, Ian F. W. (ed.), *1917: Beyond the Western Front*, Leiden/Boston: Brill, 2009.

Böhler, Jochen, *Civil War in Central Europe, 1918–1921. The Reconstruction of Poland*, Oxford: Oxford Univ. Press, 2018.

Eisfeld, Alfred/Guido Hausmann/Dietmar Neutatz (Hg.), *Besetzt, Interniert, Deportiert. Der Erste Weltkrieg und die deutsche, jüdische, polnische und ukrainische Zivilbevölkerung im östlichen Europa*, Essen: Klartext Verlag, 2013.

Feichtinger, Johannes/Heidemarie Uhl (Hg.), *Habsburg Neudenken. Vielfalt und Ambivalenz in Zentraleuropa*, Wien/Köln/Weimar: Böhlau Verlag, 2016.

Gross, Gerhart P. (Hg.), *Die vergessene Front. Der Osten 1914/15*, Paderborn/München/Wien/Zürich: Ferdinand Schöningh, 2006.

Kaminski, Gerd/Else Unterrieder, *Von Österreichern und Chinesen*, Wien/München/Zürich: Europaverlag, 1980.

Klaus, Siutz, *Kriegsgefangenschaft in Sibirien 1914–1920. Mathäus Wirnsperger*. Diplomarbeit, Karl Franzensuniversität Graz, 1994.

Koch, Rudolf, *Im Hinterhof des Krieges. Das Kriegsgefangenenlager Sigmundherberg*, Sigmundherberg, 2002.

Leonhard, Jörn, *Der überforderte Frieden. Versailles und die Welt 1918–1923*, München: Verlag C. H. Beck, 2018.

Melton, Carol Willcox, *Between War and Peace. Woodrow Wilson and the American Expeditionary Force in Siberia, 1918–1921*, Macon, Georgia: Mercer Univ. Press, 2001.

Di Michele, Andrea, *Soldaten zwischen zwei Uniformen. Österreichische Italiener im Ersten Weltkrieg*, Wien/Köln/Weimar: Böhlau Verlag, 2020.

Musil, Robert, *Der Mann ohne Eigenschaften* I, Reinbek bei Hamburg: Roh-

wohlt Taschenbuch Verlag, 1978, neu durchgesehene und verbesserte Ausgabe. ローベルト・ムージル『ムージル著作集 第1巻 特性のない男 I』加藤二郎訳, 松籟社, 1992年.

Oltmer, Jochen (Hg.), *Kriegsgefangene im Europa des Ersten Weltkrieges*, Paderborn/München/Wien/Zürich: Ferdinand Schöningh, 2006.

Opočenský, Jan, *Umsturz in Mitteleuropa*, Hellerau bei Dresden: Avalun-Verlag, 1931.

Oscar, Jászi, *The Dissolution of the Habsburg Monarchy*, Chicago/London: Univ. of Chicago Press.

Otsuru, Atsushi, "The Prisoner-of-War Camp at Aonogahara near Kōbe. The Austro-Hungarian Empire in Miniature," Jan Schmidt, Katja Schmidtpott (eds.), *The East Asian Dimension of the First World War. Global Entanglements and Japan, China and Korea, 1914-1919*, Frankfurt/New York: Campus Verlag, 2020.

Pantzer, Peter/Nana Miyata (Hg.), *Friedrich Kirchner mit der S. M. S. Kaiserin Elisabeth in Ostasien. Das Tagebuch eines Unteroffiziers der k. u. k. Kriegsmarine(1913-1920)*, Wien/Köln/Weimar: Böhler Verlag, 2019.

Plaschka, Richard Georg/Horst Haselsteiner/Arnold Suppan, *Innere Front. Militärassistenz, Widerstand und Umsturz in der Donaumonarchie 1918*, 2 Bde., Wien: Verlag für Geschichte und Politik, 1974.

Rothenberg, Gunther E., *The Army of Francis Joseph*, West Lafayette, Indiana: Purdue Univ. Press, 1976.

Speed III, Richard B., *Prisoners, Diplomats, and the Great War. A Study in the Diplomacy of Captivity*, New York/Westport, Connecticut/London: Greenwood Press, 1990.

Tortato, Alessandro, *La Prigionia di Guerra in Italia 1915-1919*, Milano: Ugo Mursia Editore S. p. A., 2004.

Unterberger, Betty Miller, *The United States, Revolutionary Russia, and the Rise of Czechoslovakia*, Chapel Hill/London: Univ. of North Carolina Press, 1989.

Wolf, Michaela, *Die vielsprachige Seele Kakaniens. Übersetzen und Dolmetschen in der Habsburgermonarchie 1848 bis 1918*, Wien/Köln/Weimar: Böhlau Verlag, 2012.

Zeiler, Thomas W./David K. Ekbladh/Benjamin C. Montoya (eds.), *Beyond 1917. The United States and the Global Legacies of the Great War*, New York: Oxford Univ. Press.
Zeman, Z. A. B., *The Break-Up of the Habsburg Empire 1914-1918*, London/New York/Toronto: Oxford Univ. Press, 1961.

《和文文献》

大津留厚『ハプスブルクの実験——多文化共存を目指して』中公新書，1995年.
大津留厚編・監訳，福島幸宏編『AONOGAHARA 捕虜兵の世界』(『小野市史 第三巻 本編Ⅲ』別冊)兵庫県小野市，2004年.
大津留厚『増補改訂 ハプスブルクの実験——多文化共存を目指して』春風社，2007年.
大津留厚，藤原龍雄，福島幸宏『青野原俘虜収容所の世界——第一次世界大戦とオーストリア捕虜兵』山川出版社，2007年.
大津留厚『捕虜が働くとき——第一次世界大戦・総力戦の狭間で』人文書院，2013年.
大津留厚編『「民族自決」という幻影——ハプスブルク帝国の崩壊と新生諸国家の成立』昭和堂，2020年.
カール・クラウス『カール・クラウス著作集 9/10 人類最後の日々』上・下，池内紀訳，法政大学出版局，1971年.
斎藤聖二『日独青島戦争 秘大正三年日独戦史 別巻2』ゆまに書房，2001年.
林忠行『中欧の分裂と統合——マサリクとチェコスロヴァキア建国』中公新書，1993年.
原暉之『シベリア出兵——革命と干渉 1917-1922』筑摩書房，1989年.
山室信一，岡田暁生，小関隆，藤原辰史編『現代の起点 第一次世界大戦』全4巻，岩波書店，2014年.

付表　ハプスブルク共通陸軍第59歩兵連隊将校名簿(1914年9月12日)

所属部隊	職責	名前・階級	消息，異動など
連隊司令部	連隊長	フィッシャー大佐	
	副官	ヨンケ大尉	8月9日，第1大隊へ 9月9日，負傷
	軍医長	コップフィンガー博士	
	工兵将校	ヴルツェック中尉	
	兵站将校	ルシン中尉	
	補佐	ギョッテル士官候補生	
	輜重隊長	ベネシュ大尉	9月10日，第13大隊へ
	軍医	ブロンチック博士	
	司祭	ルックス司祭	9月7日，捕虜
	主計長	シュラーム主計大尉	9月12日，輜重隊長へ
	連隊旗手	ヴィンケルバウアー幹部候補生	
第1大隊	大隊長	ニーダエーダ少佐	9月7日以来戦病
	副官	アウワー中尉	8月30日以来戦病
	軍医	デルシュミット博士	
		グマッハル博士	
		ジンガー博士	9月7日，師団付きへ
第1中隊	中隊長	フェレキ大尉	9月7日，戦死
		マルクグラーフ少尉	8月30日，負傷
		キルンバウワー少尉	9月8日以来戦病
		ヘンドリッヒ少尉	8月30日，負傷 9月5日，捕虜
		ブリックス幹部候補生	9月7日以来戦病
		ヨーン幹部候補生	9月7日，行方不明
第2中隊	中隊長	ミッターマイヤー中尉	9月7日，負傷，捕虜
		ナーケ少尉	9月4日，大隊副官へ
		ブルンバウアー少尉	9月7日-15日，中隊長
		ネドヴェド士官候補生	
		シュミット士官候補生	9月6日，負傷
		ヴォールラーブ士官候補生	8月31日，戦病
		ファッティンガー幹部候補生	9月7日，負傷，捕虜
		クラウスハール幹部候補生	
第3中隊	中隊長	キシュペルト大尉	9月7日，負傷，捕虜
		ツェンツ少尉	8月28日，負傷
		ハルトヴァーグナー少尉	9月7日，中隊長へ
		シェンドル少尉	9月4日以来戦病
		リュッシュ幹部候補生	8月30日，負傷
		プレチナー幹部候補生	

付表　ハプスブルク共通陸軍第59歩兵連隊将校名簿

所属部隊	職責	名前・階級	消息，異動など
第4中隊	中隊長	シュライヤー大尉	9月7日，負傷
		フラデック中尉	9月7日，中隊長へ
		ホルツィンガー少尉	9月12日以来戦病
		ミッフル少尉	8月30日，負傷，捕虜
		エルプレーナー士官候補生	9月5日，負傷，のち捕虜
		シュヴァンケ幹部候補生	
		ホーフマン	行方不明
第1機関銃隊	隊長	シュヴェングラー大尉	9月8日，第1中隊長へ 9月12日，戦病
第2大隊	大隊長	ベネシュ大佐	
	副官	ヴァーグナー中尉	8月30日以来戦病
	軍医	アンガーマイヤー博士	
		ケーラー博士	
		ホーフマン博士	
第5中隊	中隊長	ミシク＝クルークマイヤー大尉	
		ヘニックス少尉	
		マイヤー少尉	9月10日，第8中隊長
		ラートサイ幹部候補生	
		パヴラス幹部候補生	
		ホッホブルカー幹部候補生	9月中旬戦病
第6中隊	中隊長	シュテフ大尉	
		ブランマー中尉	8月31日，第11中隊長
		モジナ少尉	
		キースリング少尉	9月10日，負傷
		マイルル士官候補生	9月10日，戦病
		パルメ幹部候補生	
		クニュープフラー	戦病
第7中隊	中隊長	リュールス大尉	9月7日，戦病
		アーノルト少尉	9月7日，中隊長
		ミッテルバルナー少尉	8月29日，戦病
		ディートリッヒ士官候補生	
		ラートマイヤー士官候補生	
		バルチ士官候補生	行方不明
		クライン幹部候補生	行方不明
第8中隊	中隊長	ブルガー大尉	9月10日，負傷
		ヴルディッチ中尉	9月7日，重傷
		リースナー少尉	9月7日，戦死
		ヴンダー少尉	戦病
		クミラル少尉	9月7日，戦死
		ホルツァー士官候補生	9月7日，負傷
		エグラウアー幹部候補生	9月7日，戦死
第2機関銃隊	隊長	オントル大尉	9月8日，負傷

所属部隊	職責	名前・階級	消息，異動など
第 3 大隊	大隊長	ブロシュ大佐	
	副官	ヴァインヘンクスト	9 月 8 日，連隊副官へ 9 月 9 日，負傷
	軍医	ノイマン博士	
		シュテロ博士	
		ヴァフター博士	
		エバースベルク博士	9 月 7 日，捕虜
第 9 中隊	中隊長	コトヴィッチ大尉	9 月 9 日，戦死
		クロムザー中尉	8 月 31 日，第 12 中隊長へ
		コプリヴェッツ少尉	
		ライニシュ士官候補生	
		フォン・ヴォルトブルク幹部候補生	9 月 9 日，負傷
		ローン幹部候補生	
		クリスト幹部候補生	9 月 12 日，戦病
第 10 中隊	中隊長	メルツァー大尉	
		ジュース少尉	
		ヴェーバー少尉	9 月中旬戦病
		シャドラー士官候補生	
		ケーラー士官候補生	9 月 5 日，戦病
		ファイエルレ幹部候補生	
第 11 中隊	中隊長	ホーフマン大尉	8 月 30 日，戦病
		リョーバーバウワー少尉	9 月 9 日，大隊副官
		バーダー少尉	戦病
		ニーダーマイヤー少尉	9 月 10 日，第 9 中隊長
		ヒルシュ士官候補生	
		ヴェンガー幹部候補生	
		クレッター幹部候補生	
		ミュールバッハー幹部候補生	8 月 28 日，行方不明
第 12 中隊	中隊長	ハイニシュ大尉	8 月 30 日，戦病
		ベアー中尉	8 月 30 日，戦病
		クッチェンライター少尉	9 月 11 日，戦病
		ヒューバー士官候補生	戦病
		ライラー士官候補生	戦病
		シュミット幹部候補生	9 月 9 日，戦死
		ステイマコヴィッツ幹部候補生	
第 3 機関銃隊	隊長	ピフナー中尉	9 月 9 日，戦死

付表　ハプスブルク共通陸軍第59歩兵連隊将校名簿

所属部隊	職責	名前・階級	消息，異動など
第4大隊	大隊長	エルツ中佐	9月7日，負傷
	副官	ツェラー中尉	
	軍医	モイスブルガー博士	
		ローテンホイスラー博士	
		フィードラー博士	9月7日，捕虜
第13中隊	中隊長	ブルンナー大尉	9月7日，負傷
		ミュラー少尉	8月28日，戦死
		ティヒ少尉	
		メルク少尉	
		メルツァー士官候補生	8月28日，負傷
		レーマン幹部候補生	
		ボッシュ幹部候補生	
第14中隊	中隊長	シュミットベルガー大尉	9月7日，負傷，捕虜
		リール中尉	9月7日，中隊長へ
		カール少尉	9月17日，戦病
		ユーバーアル	9月7日，戦死
		ツェーエントナー士官候補生	
		レートリンガー幹部候補生	
		レール幹部候補生	8月20日，兵站へ
第15中隊	中隊長	バラヴァレ大尉	9月7日，戦死
		アイヘネック少尉	9月7日，中隊長へ
		シュタイナー少尉	
		ダム士官候補生	
		ニコアラ士官候補生	
		ポトチニック士官候補生	
		ポシャハー幹部候補生	戦病
第16中隊	中隊長	ベネシュ大尉	8月31日，負傷
		グロース中尉	8月31日，中隊長へ
		ハニカ少尉	9月7日，負傷
		ケストルバッハー少尉	
		ポルステンデルファー士官候補生	
		ポーデンシュタープ幹部候補生	
		トゥルセック幹部候補生	
第4機関銃隊	隊長	クライン大尉	9月10日，大隊長へ

出典：*Geschichte des salzburgisch-oberösterreichischen K. u. k. Infanterie-Regiments Erzherzog Rainer Nr. 59 für den Zeitraum des Weltkrieges 1914-1918*, Salzburg, 1931, SS. 81-82.

大津留 厚

1952年生まれ．東京大学大学院社会学研究科国際関係論専攻博士課程単位取得退学．大阪教育大学助教授，神戸大学教授を経て，現在，神戸大学名誉教授．国際学修士．専門はハプスブルク近代史．
『ハプスブルク帝国』(山川出版社，1996年)，『ハプスブルクの実験――多文化共存を目指して』(中公新書，1995年／【増補改訂版】春風社，2007年)，『青野原俘虜収容所の世界――第一次世界大戦とオーストリア捕虜兵』(共著，山川出版社，2007年)，『捕虜が働くとき――第一次世界大戦・総力戦の狭間で』(人文書院，2013年)，『「民族自決」という幻影――ハプスブルク帝国の崩壊と新生諸国家の成立』(編著，昭和堂，2020年)など，編著書多数．

さまよえるハプスブルク
捕虜たちが見た帝国の崩壊

2021年4月9日　第1刷発行

著　者　大津留《おおつる》 厚《あつし》

発行者　岡本　厚

発行所　株式会社 岩波書店
〒101-8002 東京都千代田区一ツ橋 2-5-5
電話案内 03-5210-4000
https://www.iwanami.co.jp/

印刷・精興社　製本・松岳社

ISBN 978-4-00-061463-4　Printed in Japan